日本で生きるクルド人

NIHON DE IKIRU KURD-JIN

鴇沢哲雄

ぶなのもり

序章

「クルド人」。その言葉を聞いたのは、10年ほど前のことだ。当時私は毎日新聞社が取材拠点を置く埼玉県川口市に記者として赴任した直後で、取材を受け持つ地域の行政機関などを日々訪問し、ニュースのネタを探し回っていた。

その日、川口市の隣りにある蕨市の広報課を訪れ、事務机の脇にあるイスに座り込んで顔見知りの職員と雑談していた。いきさつは思い出せないが、川口市との市境にある蕨市民公園で開催された「ネブロス」の話を職員が始めた。ネブロスはクルド民族の祭で、何年か前からその公園で行われていたという。春分の日前後に開催されるその祭はすでに1カ月ほど前に終わっていて、取材はできなかった。

その時点で私がクルド民族について知っていたことといえば、イラクの独裁者・フセインの毒ガス攻撃で数千人のクルド人が虐殺された「ハラブジャの悲劇」くらいだった。ネブロスについてももろくに知識はなかったと思う。クルド人に関するニュースを新聞などで見かけることはほとんどなかった。

故郷から数千キロも離れた日本の地、それも私が取材をカバーする川口市周辺にクルド人がいるという事実を知り、「クルド」という言葉は奇妙に私の心にひっかかった。

日本の首都東京と荒川を挟んで隣接する埼玉県南部の川口市は、かつて鋳物産業で栄え、女優の吉永小百合さんがヒロイン役で出演した映画『キューポラのある街』（1962年公開）の舞台としても知られる。映画にも描かれているが、大勢の朝鮮半島出身者たちがかつてこの地域の鋳物工場などで働いていた。

そんな歴史も絡むのか、人口60万を超す川口市には総人口の約6％に当たる約3万6000人の外国人が住んでいる（2019年3月現在）。東京への交通アクセスのよさに加え、比較的家賃が安いことなどから、外国人が多く住むようになったといわれる。

その半数は中国人だが、JR蕨駅が最寄り駅となる川口市北西部の芝地区周辺に、中東風の風貌を持つ外国人が数年前からとくに多く見られるようになった。彼らは国を持たない最大の民族といわれるクルド人だ。トルコ、イラク、イラン、シリアなどに広がる「クルディスタン（クルド人の地）」に古くから住んでいた。第一次世界大戦後、その地を支配していた欧米列強からそれらの国が独立する際、その国境線は民族や言語の違いを無視して引かれ、クルディスタンは各国に分断され、クルド人は自分たちの国を建設することはできなかった。その結果、クルド人は各国で少数民族となり、差別や迫害を受けるようになった。

１９９０年代初頭に初めて、クルド人は日本に足を踏み入れたとみられる。その後は、日本にいるクルド人が家族や親族を呼び寄せるなどして次第に増え、川口市周辺に１５００人規模のコミュニティーが形成された。彼らの多くは「難民」として来日したものの、日本の厳しい入国管理制度の中で、難民認定されないばかりか、帰国を迫られる厳しい環境にさらされている。

法務省の統計によると、２０１７年に難民認定を申請した外国人は1万９６２８人で、うちクルド人を含むトルコ出身者は１１９５人。だが、実際に難民認定されたのはわずか20人だった。同時期、ドイツで14万７６７１人、米国2万６７６４人、カナダ1万３１２１人が難民認定されている。日本は欧米各国に比較し、いかに認定数が少ないかがわかる。さらに、我が国でクルド人が難民認定されたケースは過去1件も報告されていない。

２０１８年６月末現在の在留外国人数は２６３万人に達し、過去最高になった。国籍・地域別では中国がトップで74万１６５６人、続いて韓国45万２７０１人、近年急増するベトナム29万1494人、フィリピン26万6803人、ブラジル19万6781人などが続く。トルコは5393人で、トルコ国籍のクルド人はそこに含まれるが、日本での滞在を許可されて交付される在留カードを持たないものはその数字に含まれていない。

クルド人やその支援者などに聞くと、現在約2000人が日本に滞在し、うち約1500人がクルド人の最大集住地区・川口市を中心に暮らしているという。そのうち、日本での在留を正式には許可されないため在留カードを持たず不安定な生活を強いられている人の数は300～450人程度と推測されている。

言葉や文化の違い、生活する上での相互扶助の必要性などから、異国で生きる外国人は一定地区に集まって生活する傾向がある。もちろん、日本で生きるクルド人も例外ではない。では、なぜ川口市周辺なのだろうか。どんな生活をし、どんな状況に置かれているのだろうか。彼らに未来はあるのだろうか。「日本のクルド人」の今と過去を追った。

日本で生きるクルド人　目次

第1章

日本にやってきたクルド人

クルド民族の新年祭「ネブロス」

私が最初にクルド人に触れたのは、クルド民族にとって一年で最も重要なイベント「ネブロス（ＮＥＷＲＯＺ）」の祭でだった。

クルドの言い伝えによると「２０００年以上前、暴君の圧政に立ち上がった若者が、この暴君を打ち倒し、迫害と悲しみからの解放を人々に知らせるために山頂で火を焚いた」のが起源だという。ネブロスは毎年春分の日の前後に開催され、クルド人にとっては春を迎える日であり、自由と解放を祝う日でもある。

毎年この時期になると私は、蕨市、川口市、さいたま市と場所を移して開催されてきたネブロスに足を運んできた。もう10年近くになる。

２０１８年の開催は雨のため３日ほど遅れ３月24日。会場となったさいたま市桜区の秋ケ瀬公園に私は車を走らせた。

「ネブロース、ネブロース……」。

車を駐車場に止め周囲を木々に囲まれた会場に近づくと、中東風の楽曲に乗ってネブロスを称える歌が、スピーカーからひっきりなしに鳴り響いていた。

ネブロスはクルド語で「新しい日」を意味する。会場中央に設置された舞台の背景には、「抗いながら我々が勝利する　HDP（トルコのクルド系野党・国民民主主義党）のクルド人議員を釈放せよ」との政治スローガンの脇に、ネブロスの由来が記されていた。

この日は朝から晴れ間が広がり、続々と参加者が集まり始めた。家族や親族らが車に乗り合わせてやってきた。会場脇の駐車場に次々車を止めた。会場の入り口脇に羊肉をピタパンで挟んだケバブサンドの屋台も開店し、香ばしい香りが流れてきた。開店前から数人の男性が串に刺した肉を炭火で次々と焼き上げ、開店準備が進む。

入り口付近で、小学校２年の少女２人が、クルド人向けの「日本語教室」を開く小室敬子さんを見つけて駆け寄った。教室の生徒だという。２人は淡い青色のドレスに白いレース編みの飾りがついた民族衣装を自慢そうに見せ、「きれいだね」の声にうれしそうにはにかんだ。私が「いつ、日本に来たの」と聞くと、少女は流暢な日本語で「日本生まれだよ」と答えた。

会場中央の舞台付近で、ネブロスを主催するクルド人の支援組織「日本クルド文化協会」事務局長のチョーラク・ワッカスさんを見かけた。ワッカスさんとはすでに顔見知りだ。会場に流れる音楽の歌詞の意味を聞くと「ネブロスおめでとう。あなたたちの踊り。みんなで踊ろう」と、その一部を教えてくれた。

クルド語の曲が流れ、金刺繍がほどこされた青や赤など色鮮やかな民族衣装姿の女性たちが踊り始めた。前後に数歩ずつステップを踏みながら、つないだ手は腰の高さに保ちながら、小刻みに上下に振る。踊りの輪はリズミカルに回転しながら、少しずつ大きくなっている。踊りの輪にいたクルド人女性が「踊りはクルドの文化。子どもたちは親の踊りを見て、自然と体に刻まれる」と声をかけてきた。

ネブロスの参加者が増えるにつれ、会場には日本人の姿も目立つようになった。支援者らに加え、最近は若いクルド人男性と一緒の日本人女性も見かける。

20年以上、クルド支援活動を続ける「クルドを知る会」代表の

松澤秀延さんを見かけ、挨拶を交わした。松澤さんは目の前で繰り広げられる華やかな踊りを見ながら、問わず語りにつぶやいた。

「みんな入国管理局（現「出入国在留管理庁」。以下「入管」という）の施設への収容（在留資格のない外国人に国外退去を促す措置）で多くのストレスを抱えている。収容を解かれても、今度は再収容を恐れて声を上げられない。すでに（川口市周辺に）クルドのコミュニティーができているので、みんなの主張を一つにまとめて、入管と交渉できないか考えている。横（クルド人や支援者）の連携を取りたい。ネブロスは年に1度の集まり。結束してもらいたい」。

松澤さんの指摘は、部族的な社会で親族同士の結束は堅いが、他のグループとは必ずしも連携できないクルド人コミュニティーへのいらだちのように聞こえた。グループに分かれる傾向が強いコミュニティーの現実を、私も何度か見聞きしていたので、長年支援活動を続ける松澤さんの心情が理解できた。

司会の呼びかけで人々は中央の舞台周辺に集まり、全員で黙祷した。その後、シリアで戦うクルド人への連帯のメッセージが読み上げられ、それはすぐさま日本語で訳された。その少したどたどしい日本語を、私は手帳を取り出し、書き留めた。

「お祝いで、ここに集まりありがとう」。

「ネブロスは紀元前600年から新年、春の到来、復活を祝う祭。シリアで仲間が抵抗していることも祝いたい。シリア北部の要衝アフリンはトルコ南部の都市ガジアンテップから100キロもない（アフリン、ガジアンテップはどちらもクルド人が多く住む町）。戦争で経済は立ち行かず、多くのクルド人が生活できなくなって、海外に逃れている。同胞はシリア自由軍（シリア民主軍）を作り、『イスラムの野蛮な人』（イスラム国など）と戦い、勝利した。その後、トルコ大統領エルドアンがアフリンを攻撃してきた。クルドには勝てないだろう。クルド人は最後まで戦う。自分の土地できちんとした生活をしたい。それができないので、外国に移民として出て行くしかなくなっている。日本人にもわかってほしい。ネブロスは復活の意味。残酷な王がいたら抵抗し、復活求め戦いやめない。世界で抵抗していく」。

メッセージは「ネブロスおめでとう」で締めくくられた。

過激なメッセージにも聞こえるが、国際政治に翻弄され、とりわけ第一次世界大戦以降、民族として苦難の道を歩んだ思いがにじんでいた。

近年クルドは、イラクでのクルド自治区の確保、シリア内戦下でクルド人民兵組織ＹＰＧ（人民防衛隊）がシリア北部で支配権を確立するなど、存在感を高めている。トルコ政府はＰＫＫ（クルド労働者党）をテロ組織として認定しており、ＹＰＧはその支配下にあると見ている。自国への波及を懸念しているトルコ政府は、米国が支援するＹＰＧに越境攻撃を加えている。複雑に絡む国際政治の中で再びクルドに焦点が当たり始めている。

集会が終わると再び、踊りが始まった。踊りは女性たちが主役で、男性の多くは輪の周囲で談笑しながら見守っていた。私が最初に参加したネブロスは、ほとんどが男性だった。女性や子どもの参加者はわずかで、あまり民族衣装も見かけなかった。クルド人がどんどん増えるに従って、祭の印象も大きく変わった。若い女性の参加が増え、色鮮やかな民族衣装も目立つようになった。最近ではインターネット通販で安価な衣装も容易に手に入るようになり、1着数千円のものもあるという。

知り合いのクルド人女性が話しかけてきた。トルコ国内でもネブロスは開かれるが、警察に監視されながらの開催だという。「子どもの頃一度だけ行ったことがある。春が来て花が咲き、世界がきれいになる」。自由になりたい気持ちを祭は表している。民族衣装は1年前から準備し、トルコの親戚に連絡して送ってもらうのだという。「クルディスタンは大事。（クルド民族の団結のため）頑張ります」。

踊りは途切れることなく延々と5時間以上続いた。

第一世代

我々日本人からすると、クルドの男たちはけっこう話好きだ。知り合いに会うと、まず握手を交わし、話し込む。ネブロスの会場でも男性同士が握手を交わしながら、話し込む光景があちこちで見られた。

川口市を中心に集住するクルド人らが、初めて日本でネブロスを開催したのは１９９７年ごろという。その数年前に来日し、クルド人の中でも長く日本に住んでいるマモさんは「会場は最初、居酒屋か喫茶店のような場所で、男性ばかり50人以上が集まった」と当時を語った。

その後、２００４年から蕨市の市民公園で開催され10年以上続いたが、「音がうるさい」などの周辺住民の苦情で会場変更を余儀なくされた。マモさんは「国（トルコ）を出たクルド人は、ヨーロッパはもちろん南米のペルーなど世界中でネブロスを祝いクルドの平和と解放を願っている」と話し、クルド人にとってネブロスがいかに重要な祭か強調した。

マモさんは私がクルドの取材を始めて、最初に親しくなったクルド人だ。蕨市役所の広報課職員から、蕨市民公園でネブロスが開かれていると聞いた翌年、私は初めてその場に足を踏み入れた。

公園内には中東風の音楽が流れ、数百人のクルド人が集まっていた。小さな灯油缶に板を入れて新聞紙で火をつけ、小さな炎が上がっていた記憶が残っている。後で知ったのだが、祭では火が重要な意味を持つ。火を囲んでいたクルドの男たちの中にマモさんがいた。クルド人の男性は愛想笑いをしないが、少しはにかんだようなマモさんの笑顔につられ、次第に話をするようになった。

クルド人は7世紀ごろアラブ人の支配下でイスラムに改宗する以前はゾロアスター教の影響を受けていたこと。ネブロスでは火が重要な意味を持つが、これは拝火教ともいわれるゾロアスター教の影響かもしれないこと。拝火教は自然を崇める宗教で、日本の八百万の神に通じるものがあり、宗教観は日本と似ていること。

さらに「トルコのクルド人は2000万人と言われるが、実際には3000万人。(クルド人が多く住むトルコ東部から)西部に移ったクルド人は同化政策の中で、クルド人としてカウントされていない。シリアで70万人、イラクに400万人いる。トルコの人口8000万人のうち、クルドは3割以上。トルコにとって、いかにクルドが大きな存在かわかる」とも語った。

当時のメモを読み返すと、クルドの置かれた現状と苦難の歴史を熱っぽく語り続けたマモさんの姿が脳裏に浮かんだ。

マモさんは日本に来たクルド人の第一世代といえる。彼が来日した1994年当時、ネット上にクルド人向けのメッセージが書き込まれていたという。「日本に行ったら、蕨のマックに行け」。日本に到着したら埼玉県のJR蕨駅近くにあるハンバーガーチェーン店のマクドナルドに行けば、仲間のクルド人に会えるというメッセージだった。当時は親族などのつてを持たないクルド人も多く、「ワラビ」がクルドにとってのキーワードとなった。このためクルディスタンをもじってワラビスタンという言葉ができた。事情を知らないメディアから、クルド人は蕨市に住んでいると誤解され、蕨市役所に問い合わせが続いたが、実際にはクルド人のほとんどは川口市に住んでいる。「蕨のマック」も実は川口市にある。

なぜ、マモさんは日本に来たのだろうか。そんな疑問に彼は語った。

「19歳から1年半、兵役に就いた。アルメニア国境に近いクルド人の町に派遣された。

人口が3万人に対しトルコの軍隊が3～4万人もいた。そこで、クルド民族への抑圧を強く実感した」という。マモさん自身はクルド人ゲリラとの戦闘経験はなかったが、近くでテロ事件もあった。軍隊内でもクルド人兵士への迫害はあった。マモさんは少しずつトルコ国内で抑圧されてきたクルド民族の問題を理解し始めたという。

兵役を終えた後、ヨーロッパに逃れるか山に入ってゲリラになるか悩んだ。このままではいつか捕まると思い、兵役後数カ月間は家にこもり、トルコからの脱出を決意した。ギリシャに行くつもりだった。それで、ブローカーに5000ドルを支払った。ところが、出発の数日前にブローカーが交代し、「日本は平和で安全だよ」と言われ日本に行くことになった。小さなバッグに着替えを詰め、生活資金2000ドルを持って出国した。資金は家族が支援してくれた。

マモさんはトルコのイスタンブールからシンガポールを経由して成田空港に着いた。空港に到着後、バスで都内に移動してホテルで宿泊。同じ経路で日本に来たのは全員で43人だった。翌日、2グループに分かれてホテルを出発、マモさんら22人が電車でJR蕨駅に降り立った。いつの間にかブローカーは姿を消していた。他のクルド人もいなくなった。日本人の顔はみんな同じに見えた。一人になり急に不安が増したが、これからどこに行けばいいのかわからなかった。ぶらぶらと歩き出した駅前の交差点で、一人の中東風の風貌をした男が声をかけてきた。「お前はクルド人か。俺はイランのアゼルバイジャンだよ」。1994年9月の昼下がりだった。

彼が口にした「アゼルバイジャン」は、トルコやアゼルバイジャン共和国と国境を接するイラン北西部の地域のことだ。イラン領アゼルバイジャンとも言われる。そこにはイラン最大の少数民族であるアゼル人が多く住む。言語はイラン語系のペルシャ語ではなくトルコ語系のアゼリ語を話す。アゼリ語はトルコ語ととても似ている。マモさんはこのイラン人とは普通に会話ができた。当時、多くのイラン人が日本に来ており、クルド人が日本に定着する先導役としてイラン人が重要な役割を果たした可能性がある。

「蕨のマック」はこのイラン人に話しかけられた交差点にある。マクドナルドの2階の窓際の席に座って、親切に相談に乗ってくれた。イラン人はコーヒー、マモさんはレモンティーを飲んだ。ポテトもおごってくれた。

マモさんへのインタビューは、今も同じ場所で営業を続けるマクドナルドの店内で行った。5年ぶりの入店だという。店の2階に上がると「懐かしいな」とつぶやいた。マモさんはその頃の出来事を昨日のことのように語った。一緒に来た仲間はその後、強制送還されたり、イタリアやオーストリアなどに行ったりした。日本に残っているのはマモさんだけだという。

川口市芝地区にある公園に1週間いて、その後蕨市民公園に移り1カ月いた。12月まで野宿だった。マモさんは当時を思い出して語った。

「朝は水道で顔や髪を洗った。イラン人に電話のかけ方を教えてもらい、トルコの実家へ電話した。雨が降っていて惨めな気持ちになり泣いたよ。『なんで俺は日本にいるんだ？』と兄に怒りをぶつけたりした。兄は『お前が決めたことだ』と怒ったよ」。

夜はほとんど眠れなかった。東屋で雨はしのげたが、毛布の下はごつごつした石畳だったから、朝までまんじりともせず過ごした。1日の生活費は800〜1000円。イラン人が「これがチキン」などと言って買い物の仕方を教えてくれたので、コンビニでチキ

ン弁当やあんパンを買って食べていた。洗濯はしなかったので、下着は買っていた。することもなく、周囲を歩くだけ。公園で自転車の乗り方を覚えた。トルコでは自転車に乗ったことはなかった。

顔見知りになった日本人からジュースやコーヒー、カップラーメンを差し入れてもらったこともある。でも、日本語はわからないから、ただ笑っているしかなかった。9月に来た時はまだ暖かかったが、だんだん寒くなり、イラン人からジャンパーをもらった。マモさんの野宿生活は仕事が見つかるまで続いた。

イラン人に仕事を探してもらい、家も借りることができた。彼には謝礼として6万円を渡した。仕事は越谷市にあった車のタイヤ工場だった。イラン人をはじめ外国人20人ほどが働いていた。その中にはクルド人もいた。タイヤを運ぶため車に積んだり、通し番号を打ったりする仕事だった。他のクルド人と同じアパートに入居し、月3万円の家賃を払った。1日の給料は5000円ほど。工場とアパートの往復で少しずつ金を貯めた。

通常、外国人が入国する場合ビザが必要となるが、日本はトルコなど68カ国との間でビザ免除措置を実施し、短期滞在の観光、親族訪問などではビザが不要である。マモさんはこのビザなし渡航で日本に来たため、90日を過ぎてオーバーステイ（正規の期間を超える滞在）となってしまった。当時は難民申請の方法など知らなかった。

2年ほど経ったある日、ラーメン店で突然、客の日本人から「あなたはクルド人か」と声をかけられた。その日本人に難民申請の方法を教えてもらい、96年11月、入管に行って「トルコで迫害を受けた」として申請をしたが却下された。難民認定を求めて裁判も起こしたが、2008年に敗訴が確定した。

この間マモさんは、幼なじみだったエルマスさんをトルコから呼び寄せて結婚している。2001年のことだ。華やかな結婚式は、日本で初めて行われたクルド人同士の祝宴だった。

その後、法務省の聞き取り調査を受け、2010年、マモさんに在留特別許可が下りた。在留特別許可とは文字通り特別に在留が許可されることで、これによりマモさんは日本で合法的に暮らせるようになった。結婚したことが考慮されたのかもしれないとマモさんは考えている。

それまでは仮放免（不法滞在等で入管施設に収容されるところ、事情が考慮され、その収容を解かれること）の状態で、2カ月に1度入管に出頭しなければならなかった。仕事や生活でもさまざまな制限が課されていた。私は何回かマモさんから「家族が安心して暮らせるために在留特別許可が欲しい」と何度も聞いていた。

「（在留特別許可が出て）一番安心したのは健康保険に入れたこと。仮放免では県外に出る時は許可が必要で、許可を取らずに都内に行って警察に見つかると（入管に）収容の恐れがあった。仮放免では仕事もできなかった」。

在留特別許可を得たことで生活が安定してきた。解体工事などを請け負う会社「アララト工業」も設立した。名刺にある「クリンチ・メメト」という名はマモさんのパスポート名だ。「マモはお母さんがつけた（クルドの）名前」と説明した。社名にあるアララトはノアの方舟伝説があるアララト山に由来し、クルド民族にとって重要な言葉だ。それは第一次世界大戦後、4年間だけ存在した「アララト共和国」というクルド民族の独立国家の名にも表れている。

トルコより日本での生活が長くなったマモさんは「日本で永住許可を得たい」と口にした。エルマスさんとの間に生まれた3人の娘は、それぞれクルド語でジアン（存在）、ロジン（太陽）、ベリフィン（雪割草）と名付けられた。クルドの名前を持つ娘たちはトルコにも日本にも国籍がない。無国籍の状態である。クルド民族への熱い思いを語っていたマモさんにとって、日本での「永住」はけっして容易な決断ではないだろう。私は彼の複雑な胸中を思いやった。

誰が始まりだったのか

日本に居住するクルド人の総数は、詳細な統計数字がなく不明だ。最大集住地区である川口市のクルド人の間では、「日本には約2000人のクルド人がいて、川口市周辺には1500人前後が住んでいる」と囁かれている。

2010年前後には川口市とその周辺に住むクルド人は400~600人といわれていた。2011年の東日本大震災がきっかけで私は毎日新聞埼玉版でクルド人を大きく紹介した。その時の記事にはこうある。〈東日本大震災での被災者を支援しようと、県内に住むクルド人らが蕨市で、新年の祭りに合わせて募金活動を行った。「大変な地震で心が痛い。早く回復できるようお手伝いしたい」として、歌や踊りを中止して黙とうをささげた。募金活動は20日、蕨市民公園（蕨市塚越5）で行われた。1年の幸せを願うクルド民族の新年祭「ネブロス」に合わせ、200人以上が集まった〉

私が2012年3月、ネブロスについて書いた記事には〈蕨市塚越の蕨市民公園で18日、国を持たない世界最大の民族といわれるクルド人の新年祭「ネブロス」が開かれた。（略）今年は踊りも復活し約200人が祭りを楽しんだ。（略）日本には約400人が川口市を中心に居住している〉とある。そしてその4年後、2016年の記事では〈国を持たない世界最大の民族といわれるクルド人の新年祭「ネブロス」に20日、（略）若者や家族連れなど約1500人が参加した〉と書かれている。

私の記憶では2015年前後からネブロスに色鮮やかな民族衣装姿の若い女性の参加が目立ち、祭が一段とにぎやかになった。同時にこの頃からベビーカーに乗った赤ちゃんを多数見かけるようになり、年を追うごとに増えていった印象だ。トルコの国内事情の影響もあると思われるが、家族の呼び寄せや日本にいる親族を頼って来日する若いクルド人の増加傾向が見て取れる。川口市でコミュニティーが形成され、親族間の絆や助け合いの気風があるクルド人にとって、新たな来日クルド人の受け入れ余地が広がったともいえる。

最初に日本に来たクルド人は誰か。私にとって長い間の疑問だった。「現在日本にいるなかでは、アリさんがいちばん最初に来日した」という証言が複数のクルド人から得られた。それ以前に来たクルド人は皆、すでに日本にはいないらしい。あるクルド人から連絡先を聞き、アリさんに取材を申し込んだ。取材を承諾したアリさんとJR大宮駅で落ち合い、近くの喫茶店でインタビューした。アリさんは体重100キロを超す巨体を少し後ろにそらしながら、流暢な日本語で話を始めた。

「両親は羊を飼い、売っていた。学校が休みの時は羊の世話を手伝った。山で放牧して、町では塀の中の牧場に入れて飼育し、大きくなったら売った」。

来日後すでに四半世紀となるアリさんは懐かしい子ども時代を思い返したのか、顔が少し和んだように見えた。

「中学は1年で通うのをやめた。（クルド人に対する）いじめもいっぱいあったし、先生に叩かれたこともあった。戦闘機が学校の上空を飛んで、爆音で窓ガラスが割れ、怖かった。机の下に隠れたこともあった」。

アリさんがたった一人で日本に来たのは1993年4月19日。徴兵年齢の2カ月前、17歳での来日だった。トルコでは徴兵制度があり、軍隊に行かなければならなかったからだ。ヨーロッパは当時ビザの審査が厳しかったが、トルコとビザ免除協定がある日本には入国しやすかった。調べたら親族が日本にいることがわかり、それも理由となった。

出国した93年は、ＰＫＫの指導者オジャランがシリアで会見して、トルコ政府に停戦を呼びかけ、話し合いでの解決を提案したがトルコ政府は応じなかったということがあった年だとアリさんは説明した。兄が党員だったクルド系の政党ＤＥＰ（民主主義者党）も解散させられた。話し合いでの解決を無視した政府に抗議するため、クルドの若者の中に徴兵拒否の動きが広がった。政府が停戦を拒むなら徴兵に応じないという意思表示だ。

そんな政治状況の中、兄がアリさんに日本行きを勧めた。

「あの時トルコに残っていたら逮捕されていたかもしれない。当時は危険な状態だった」。

生活費は半年分を用意していた。来日当時、すでに10人ほどのクルド人がいたという。

「彼らは91年か92年には来日していたはずだ。彼らとは交流があった。日曜日には蕨のマックで会ったりした。困ったことを相談したり、仕事の情報をもらったりした。クルドの問

題も話したよ。当時、ＪＲ東浦和駅近くのアパート2、３軒を借り集団で住んでいた。最初の仕事は、中国で生産した洋服にアイロンをかけハンガーに吊るして製品として出荷する作業だった。時給は６３０円で安かった。戸田市に工場があったが、半年ほど働いたら倒産してしまった。造園関係の仕事で2～3年頑張って働き、その後解体の仕事をしている時に入管にオーバーステイで捕まった。98年だった」。

アリさんは入管に収容された時に初めて難民申請をした。

「１９９５年ごろ、日本で難民申請ができるかいろいろ調べ、(その当時は60日ルールと呼ばれるものがあり) 入国後60日以内にしないとだめだとわかった。それで申請したら入管に収容されるのではと思い、しなかった」。

弁護士に60日を経過しても申請は可能と言われて申請したが、結局この60日ルールをたてに却下されたという。最初の収容は2年４カ月の長期に及んだ。アリさんの長い闘いが始まった。

アリさんは入管による収容状況について「当時は今よりひどく、４年も収容されていた人がいた。その人は帰国したがっていたが、金がなく帰れなかったんだ。(帰ると危険だから) 帰国できないという難民には (日本政府が) 飛行機代を支払い強制送還していたのに」と話す。

さらにアリさんは「2年以上も収容されて精神的にもおかしくなり、抗議するため74日間のハンガーストライキをした。国会でも問題になり当時の法務大臣が（アリさんの収容されている）牛久（茨城県牛久市にある東日本入国管理センター）に視察に来た」と話を続けた。食事はいっさい摂らず、お湯に砂糖や塩を入れて飲んだ。115キロあった体重が40キロ以上減った。ドクターストップがかかったが拒否した。国会で取り上げられた翌日に仮放免が認められたのでハンガーストライキをやめた。穏やかな口調だが緊迫した様子が伝わった。

2回目は3年後の2004年、仮放免を取り消されての収容だった。当時、難民不認定の取り消しを求め提訴していたので、判決が出るまで強制送還をしないように求める裁判も起こした。裁判は一審で負けて、控訴中に再度収容されてしまった。2回目の収容期間は1年だった。施設を出る時には130キロ、110キロから20キロも太ってしまった。施設内で運動しなかったので筋肉が落ちた。部屋から出て運動場に入る時などいちいちボディーチェックがあって煩わしくなり、ほとんど部屋から出なくなったという。

2002年にクルド友好協会を作った。すると、トルコ政府が圧力をかけてきたという。国内のクルド人同様、在日クルド人もその監視対象になっていることは十分推察できる。「協会を作ったのはクルドの文化を（日本に）伝えたかったからだ。2006年ごろ、協会に出入りしていたあるクルド人がオーバーステイで捕まり、5、6カ所家宅捜索された。8人が（入管難民法違反で）捕まった。一部の新聞には『PKKのメンバー捕まる』と報道された。他のクルド人は怖がって協会に来なくなり、カンパもなくなった」。

その頃、協会メンバーの一人が、誰も知らないうちに部屋から荷物を出し、不動産屋に『協会を閉鎖する』と告げて姿を消した。彼はクルド人だがトルコ大使館と内通していたのだそうだ。その後、その男は日本から逃げたという。

42歳になったアリさんは今、妻と千葉県内で暮らす。結婚して10年になる。

「妻は父親が日本人で、母親はインドネシア人。日本国籍を持っている。配偶者ビザを申請したが、もらえなかった。国に抵抗している――それがビザが出ない理由だ。（新たに）裁判を起こしたが、裁判所もビザを出さないのは正しいと言った。おかしいよ。また裁判を起こすつもりだ。

野田市に中古の家を買った。ローンは奥さんの名義。最後まで支払いできるかわからない。20年前からの夢だったけど……。免許証もずっと夢で、自動車学校に通い今月ようやく免許証がもらえた。明日どうなるかわからない状態なので、車はまだ買ってない」。

取材の待ち合わせの日、突然アリさんから携帯電話にメールが届いた。「お疲れ様　今日で大丈夫ですね」。私が「大宮駅でまってます」と返信すると「了解です」に続き「17:45くらいに着く《ママ》ます」と書いてきた。漢字交じりの日本語だった。これまでの取材の中で、ここまで正確な日本語表記をしたクルド人は初めてだった。日本育ちの子どもたちでさえ漢字は難関だ。大人たちにも漢字にチャレンジしたクルド人はいたが、ほとんどが途中で諦めている。アリさんに理由を聞いてみた。

「日本語は２０００年、入管収容中に1日10時間以上勉強して覚えた。ひらがなもカタカナもわからなかったけど、仲のよかった担当（職員）が、紙にひらがなとカタカナを書いて僕にくれた。20歳の日系ブラジル人がいて、漢字辞典を持っていた。それを見て友人に頼んで差し入れてもらった。

20ページもある裁判資料を弁護士からもらい、一つ一つ文字を辞典で調べ、下にひらがなを書いた。外に宛てた手紙を見た職員が『私よりうまくなっている』と言った。裁判資料は２００回、３００回くらい読んだ。3カ月後に弁護士に字の間違いを指摘したら驚いていた。

理由は他にもある。強制送還を想定して、もしトルコで刑務所に入れられたら自分のことを日本人に知らせるため、人権団体や弁護士に訴えるためだった。車の免許の学校も日本語、試験も日本語だったが気持ちで頑張った。日本にいたい気持ちが強かった。文化もなんでも好きだったから」。

ときどき入管の職員がアリさんの自宅を訪ねて来るという。仮放免の場合は就労が禁止されているため、アリさんが働いていないか調査するためだ。就労が発覚すれば、仮放免を取り消されて再び入管の施設に収容される恐れがある。「町を歩いているとひんぱんに警察官から職務質問される」と不満が口をついた。

難民認定もままならず、妻が日本国籍なのに配偶者ビザも出ない。もっと個々人の生活を考慮して、柔軟に対処する方法はないのだろうか。自由と安全を求めてたどり着いた日本でアリさんが歩んだ苦難を聞きながら、私はやりきれなさを感じた。

日本に来た最初のクルド人女性

国籍を持たない人を支援するＮＰＯ法人無国籍ネットワークの主催する連続セミナー「日本にくらすアジアの少数民族」が２０１７年から早稲田大学で開かれていた。セミナー３回目は「地域に暮らすトルコのクルド人」がテーマだった。難民の医療支援に取り組む医師、山村淳平さんがコーディネーター役を務め、「日本に来た最初のクルド人女性」と紹介されたエルマスさんがトルコでの生活や来日後の体験について講演した。

エルマスさんは私が最初に親しくなったマモさんの妻。マモさんから二人の結婚式が日本で最初のクルド人同士の結婚式とは聞いていたが、改めてエルマスさんが最初のクルド人女性と確認できた。セミナーは山村さんの質問にエルマスさんが答える形で進行した。

エルマスさんは１９７７年生まれで、シリア国境に近いガジアンテップの出身。多くの

クルド人同様、エルマスさんの家族も農業と牧畜で生計を立てていた。「テレビはあったの？」と聞かれたエルマスさんは「小学校に行く頃まで電気がなく、テレビやラジオを知らなかった」と答えた。

家族間の言葉ははクルド語だったため、小学校に通い始めてトルコ語がぜんぜんわからず苦労した。学校では「クルド語を話すと体罰があった。先生がムチで手を叩いたりした」という。多くのクルド人が証言しているが、学校で使われる言葉はトルコ語で、クルド語の使用は禁止されていた。「いくら頑張ってもわからない。お父さんしか（トルコ語の）わかる人がいなかったのですごく困りました」。

それでも3年生の頃にはわかるようになってきて、家でも父親やきょうだいなどとはトルコ語をしゃべるようになったという。「小学校は5年生で卒業。中学校に行きたかったけど、町に泊まる場所

（親戚の家や下宿）がないと通えないので行けなかった。家の手伝いをした。同級生で中学に行った子はいなかった」。多くのクルド人が高校、大学だけでなく、中学校すら思うように通えなかったのだ。

30年以上前はクルド人の住む地域に小学校はあまり多くなかった。

「うちの村は早くに学校を作ったほう。遠くの村から通ってくる子は大変だった。病院に行く時は馬を使ったが、学校へは歩いて通った。80年代は車もなかったし、道路も舗装されていなかった。（病気になったら）バスが通っている村まで馬車で病人を運び、そこからバスで町（の病院）へ行った。バスが来るかもわからず、来なければそこに泊まるしかない。病院に行けず、亡くなる人もたくさんいた。父の最初の妻も出産時の出血で亡くなった。病院に行っても，トルコ語でしか受け付けてもらえないので、トルコ語がわかる人が付き添わなければならなかった」。

学校でクルド語を話すのは禁止、役所の手続きもトルコ語でしかできない状況について、「今も変わらない？」と聞かれたエルマスさんは「ぜんぜん変わらない。50年経っても変わらないと思う」と即答した。

夫のマモさんとの話に移った。マモさんのことは以前から知っていたそうだ。「1997年に家族で話して結婚が決まった。4年間婚約者でいた。マモが戻ってこないなら、私が日本に来るしかなかった。ぜんぜん知らない国なので心配だった」。

二人の結婚式は2001年に蕨市の市民会館で行われた。「女性は私一人だけだったので、男性は（パーティの踊りを）踊る相手がいなくて男性同士で踊っていた」。

エルマスさんはその後の日本での苦労を話した。「最初の3カ月でひらがなとカタカナを覚えた。でも、漢字が入ると読めない。頑張ったけど覚えられなかった」。

マモさんとエルマスさんの夫婦は長い間在留資格がなく、仮放免の状態が続いた。

「ジアン（長女）が2003年、ロジン（次女）が2005年、ベリフィン（三女）が2007年に生まれた。出産助成金でお産の費用は出たけど、ベリフィンは未熟児で生まれたので、医療費が250万円以上かかった。その医療費にも一部補助が出たが、残りはその後毎月1万円ずつ分割で払った」。

さらに国籍について話題が及んだ。「日本で結婚式を挙げたので、（トルコ政府発行の）パスポートでは独身になっている。母の具合が悪くトルコに一時帰国するために、（駐日トルコ大使館で）パスポートをもらおうとしたが、すごく大変で1年近くかかった」。

娘たちは日本生まれの日本育ち。トルコに出生届を出していないため無国籍状態だ。

「子どもが学校に行くようになっても何をどう準備していいのか困った。言葉の問題で先生との連絡もうまくいかない。PTAの人や先生に聞いても最初はわからなかった」。

今は多くのクルド人が川口市周辺に暮らし、お互いに情報交換したり助け合ったりすることはできるが、当時、エルマスさんは相談相手もほとんどいなかっただろう。

「クルドの家族が日本に来て、子どもが10歳で小学4年生に編入したとして、家で勉強や宿題を教えられない。頑張ってもうまくいかない。4年生までに覚えなければいけない漢字はどうするか。学校に通う子どもがいて、日本語がわからない母親はたくさんいて、1日10回くらい相談の電話が来る」。

講演終了後、会場の参加者からさまざまな質問が出て、エルマスさんが答えた。

「90年代は（来日するクルド人は）男性ばかりで女性は少なかった。その後、結婚するため、または結婚して一緒に日本に来る女性が増えた。独身女性が一人で来るのは難しい」。

「家ではクルド料理も、回数は少ないけど子どもたちが好きなので日本料理も作る。焼きそばやカレー、鍋料理も」。同席していた次女のロジンさんが発言した。「クルドの食べ物より日本の食べ物のほうが好き。学校給食はすごくおいしい。カレーは自分で作れる」。

「クルド人の難民申請で認定されたのはゼロだ。在留特別許可も20数人だけ。なぜ（自分たちが）取得できたのか理由はわからない。ほとんどが日本人との結婚だ」。

「世界中、どこでも戦争がひどくなった。一番いじめられているのはクルド民族。いじめられないためにもクルドの国がほしい」。

難民問題に関する著書も多数執筆している山村さんには、私がクルド問題に興味を持った当初から取材ではお世話になっていた。この日のセミナーで山村さんは、クルド民族の歴史や現状などについて、参加者にわかりやすく解説した。

「クルド人の居住地区は主に遊牧か農業で、経済開発の遅れからトルコ国内でも所得が低い。失業率も高く、トルコの平均が9％なのに、クルド地区は20％近い。イスタンブールでの平均所得1万5000ドルに対し、クルド地区は4分の1程度である。

文化的な抑圧として役所や学校、病院などでクルド語が使えないほか、ネブロスの祭も2000年代まで禁止されていた。4～5年前から解禁されたが周りを軍や警察に囲まれて開催されている。

教育も未整備で、イスタンブールでは小学校100校当たり中学校が78校。これに対しクルド地区のハッカリ県では小学校100校に中学校は6校しかない。また、都会では人口10万人当たり500の病院があるが，クルド地区はその4分の1だ」。

山村さんの話を聞きながら、日本でクルド問題を論じる場合、経済、文化、教育などあらゆる場面でクルド民族がトルコ国内で抑圧されている現状を知ることが重要だと感じた。

第2章　クルド人を追い詰める「収容」

母の呼びかけ

ある晴れた日、私はコンテナ船が出入りする東京都港区の品川埠頭にほど近い東京入管を訪れた。２０１7年11月のことだ。難民支援活動を続けている織田朝日さんから「夫やきょうだいが収容されているクルド人家族が入管前で抗議行動をする」と聞き、駆け付けた。織田さんは十数年前に知人のクルド人が入管の施設に収容されたのを機に支援活動に加わった。

取材で入管を訪れるのは初めてだった。しばらく入り口付近の路上で待っていると、クルド人らが集まり始めた。ほとんどが子どもと女性だった。織田さんの姿も見えた。支援者グループがクルド人家族から、入管に伝えるための要求書の聞き取りを始めた。私はクルド人家族に写真撮影許可について確認しながら、集会が始まるのを待った。

「イスメットー、イスメットー」。

路上から突然、息子の名前を呼ぶ母の声が建物にこだました。物流倉庫や巨大なコンテナ置き場に囲まれ、十字型に設計された12階建てのビルは周囲を威圧するように建っていた。

日本での在留資格がない（またはなくなった）外国人は入管の施設に収容され、母国への帰国を迫られる。そこには仮放免を取り消された外国人も含まれる。この日は仮放免を取り消されて収容された夫や子、父親らの解放を求める家族が川口から電車とバスを乗り継ぎ集まった。２台のベビーカーと小学生ら７人、妻や母ら女性６人。

この入管の施設には20人ほどのクルド人が収容されていた。建物前の路上で支援者らが東京入管局長宛ての「家族の即時解放の要求」と書かれた紙を取り出し、聞き取りを行っていた。クルド人女性の多

くはあまり日本語がわからないため、ある程度話せる女性や学校に通う子どもたちが通訳を担う。

「イスメットは不眠で、歯の痛みも訴えている。収容のせいで精神的にもまいっている。難民として日本に来ただけで、何も悪いことをしていない。この仕打ちはひどすぎる」（息子が収容された母親）

「私の娘はトルコの薬で精神を安定させているが、収容のせいで使うことが許されていない。とても苦しんでいる。娘は16年日本に暮らし、12年日本の学校に通った。他の国なら在留を認められている」（娘が収容された母親）

「夫は心臓が悪く、長い収容は危険です。難民申請をしているだけで何も悪いことはしていない。私たちは刑務所（入管の収容施設）に入るために日本に来たのではない。私は椎間板ヘルニアとうつ病で、娘も不安症の診断が出ている」（夫が収容された妻）

「私の子はぜんそくで通院しています。私は上手に日本語を話せないので、夫がいなければ医者の指示をきちんと理解できない。3人の子どもは夜眠れない。なぜパパは捕まったの?といつも聞かれる。難民として来ているのになぜ拘束するのか」（夫が収容された妻）

「私は体内に石ができており、今月15日に病院で検査します。手術になるかもしれません。夫が収容されたままでは、治療の間に子どもの面倒を見る人がいません」（夫が収容

された妻）

「兄はストレスで体調がどんどん悪くなり、睡眠も取れていません。このままでは精神の病気になってしまうかもしれません。何かあったら責任が取れますか」（兄が収容された妹）

要求書には収容者だけでなく、残された家族の健康、生活面での不安や収容への怒りが綴られていた。

要求書の聞き取りが終わると家族らは「パパかえして」「だんなさん　かえして」「こども　かえして」「兄をかえして」などと書かれたプラカードを掲げ、家族が収容されている建物に向けマイクで呼びかけた。日本語をほとんど話せない母親は、ときどきクルド語を交えながら息子の名前を呼び続けた。途中、何度も嗚咽し涙をぬぐいながら、それでも名前を呼んだ。

一人の母親が何かを訴えかけるように私に近づいた。彼女自身は日本語が話せないため、日本語がわかる娘を手招きして呼び寄せた。「（息子は）病気だから放して。死ぬかもしれない」。娘は母親の言葉を通訳した。

今度は、夫が収容されたという女性が人なつこい表情を見せながら、片言の日本語で語りかけてきた。「だんな返して。子どもがいてお金もない。どうしたらいいの」。女性は同じことを繰り返し言い、ため息をつきながら仲間の列に戻って行った。

入管を訪れた他の外国人らが遠巻きに見守る中、小学2年生の少女がマイクを握った。「クルド人も人間だから。（収容は）やめてください。どうして捕まるの。お母さんは病気だし、お金もないし、本当に困ります。お父さんいつ出るんですか。お父さんを放してください」。小学生とは思えないような大人びた口調で、小柄な少女は訴え続けた。

しばらくして、家族らが建物の正面玄関前から移動を始めた。建物横にガラス張りの収容施設の一部が見えた。午前と午後の2回、施設の部屋を収容者が自由に行き来できる廊下部分のようだ。みんながいっせいに奇声に近い声で「おーい」と呼びかけたり、収容されている家族の名前を叫んだりした。建物のガラス窓から外を見下ろす収容者の顔が、かすかに見えた。

再び家族らは歩道をぞろぞろと歩き始め、建物の裏手に回った。6車線の広い道路を挟み、巨大なクレーンとコンテナが並んだ先に貨物船が見えた。車がほとんど通らず奇妙なほどの静寂の中、家族らの足音だけが響く。一団の先頭に2台のベビーカーと母親たち4人が並び、手にプラカードを掲げて進む。ときどきリズミカルに「だんなさん　かえして」などと、大きな声で繰り返した。

30分ほどで建物の周囲を一周し、再び正面玄関に戻ってきた。その後、家族らは入管の仮放免手続きなどを担当する部署に向かった。途中、廊下で母親が「イスメット」と何度も息子の名前を呼んだ。他の女性が「だんなさん返して」と大声で叫ぶと、警備の職員がすかさず「静かにしてください」と制止した。担当部署に着くと、家族が次々にトルコ語やクルド語混じりの言葉で職員に訴え始めた。応対した職員は「一人ひとり順番に話を聞きます。静かにしてください」と困惑気味に応えた。

突然、受付窓口脇の通路で、10人ほどの家族が座り込みを始めた。奥から数人の職員が出てきて、「通行の支障になる」などと言って移動を促した。職員と支援者が口論する傍らで、別の職員が子どもたちの話し相手になり、混乱を避ける素振りを見せた。私は施設内での取材許可を得ていないため、メモも取らずに見守った。この日の抗議行動は2時間以上続いた。

この日、織田さんは抗議行動の後、クルド人収容者らと面会した。母親が名前を呼び続けたイスメットさんは「ママの声は聞こえたよ。こんなところにいたら馬鹿になり、死んじゃうよ。ママと一緒に来てくれてありがとう」と話したという。1カ月で体重が8キロも減ったという別の収容者は「胃が痛くて眠れない。薬が効かない」と嘆きつつも、「家族が来てくれてうれしかった。（施設の窓から）娘が見えた」と、うれしそうに語ったそうだ。家族や支援者の面会を心待ちにする収容者がいる一方で、先が見えない不安や絶望感からか「面会は意味がない」と投げやりになる収容者もいるという。

織田さんは「最近、収容に対する抗議行動に日本人の参加者が少なくなっている」と話す。2010年以降、収容が少なくなり自然と支援活動も停滞した。ところが2～3年前から再び収容が増えた。2018年5月時点で、全国にある入管の施設の収容者は1400人を超え、5年間で500人も増加している。織田さんは「夫が収容された母親たちは、子どもを抱え、働けないから借金しながら生活している。（難民問題に）もっと関心を持ってほしい」と訴えた。

私はこの日、母親たちの激しい感情とそれに比して静かな抗議行動に少し驚いた。写真撮影もほとんどの家族が了承してくれ、マスコミを通し収容の実態を訴えたいとの意思を強く感じた。

心臓の持病抱え

秋も深まり始めた2017年10月のある日、東京入管の中にある収容施設を初めて訪れた。「クルド人難民Mさんを支援する会」の周香織さんから連絡があり、一緒にあるクルド人男性と面会するためだった。この面会はその後何人もから収容の実態を聞くきっかけとなった。

入管1階にある面会用の受付コーナーで、申請用紙に名前や職業、面会目的などを記入し受付窓口の職員に渡し、しばらくすると名前を呼ばれた。いったん返却された申請用紙を持って面会室がある7階にエレベーターで向かう。再び申請用紙を面会用の窓口で職員に手渡し、しばらく周さんと長椅子に腰かけて待った。家族に会うためか、何人か他の外国人が待っていた。差し入れ用の大きな荷物を抱えている人もいた。

私は初めての面会に少し緊張していた。ある支援者から、取材が許可されない場合もあると聞いていたからだ。だが、それは杞憂に終わった。再び身分証明書の提示を求められ、面会許可が下りた。周さんが面会室の入室用カードを受け取り、一緒に面会室に向かった。廊下を挟み左右に面会室が20室ほど並んでいた。

面会室でしばらく待っていると、職員に付き添われたMさんことメティンさんが現れた。2畳ほどの面会室で仕切用のガラス板を挟んで向き合った40代後半のメティンさんの髪は真っ白だった。顔も青白く、げっそりとやつれて見えた。

周さんは1カ月前にも、入管前で行われた収容に抗議する集会後にメティンさんと面会している。その時は「抗議集会での支援者らの声が聞こえた」と、少し明るい表情で面会室に入ってきたという。

周さんが「体の調子はどう?」と切り出すと、メティンさんは「右腕と背中が痛い」と訴え、施設内の診療所で処方されたという3種類の薬の説明書をガラス越しにかざした。続けて「歯が痛いと訴えたが『治療は順番待ち』と言われた。2週間後にやっと診察してもらった」と顔をしかめた。「ベトナム人、イラン人、ガーナ人など7人と同じ部屋で生活している。一人ひとり文化が違うからお互いに我慢が必要」と話す一方、「他の人のいびきがうるさくて眠れない」「ガーナ人が夜中の3時にお祈りを始め、手を洗う場所で足を洗う」とこぼし、大勢の同室者との生活で神経が休まらない実情を嘆いた。

メティンさんには頸椎ヘルニアや心臓の持病がある。医師からは「収容中は通院ができないため必要な治療ができず、狭心症や心筋梗塞を起こす危険性がある」と指摘されていた。収容前に処方してもらっていた狭心症の治療薬ニトログリセリンを収容施設内では手元に置けず、室外のロッカーで入管職員が管理している。「部屋に置きたい」と申し出たが聞き入れられなかった。

収容から2カ月が経過。最近、同じ時期に収容された仲間が仮放免になり施設を出たため、メティンさんも期待を膨らませていたようだ。だが、30分間の面会時間の最後に周さんから仮放免の許可が出なかったことを告げられた。メティンさんはがっかりした表情で何度も周さんを振り返りながら、面会室の奥に消えた。

メティンさんはクルド人が多く住むトルコ東部の小さな村の出身だ。トルコ政府は1980年代、武装闘争を続けていたＰＫＫの支持基盤とみなしたクルド人の村落を焼き払い強制移住させる政策を進めた。メティンさんの村にもたびたび軍がゲリラ掃討の目的で訪れ、家宅捜索などを繰り返した。父親が軍に拷問を受けるなどしたため、身の危険を感じた家族は1986年、別の村に逃げ出した。その後、生まれ育った故郷の村は軍によって焼き払われ、ブルドーザーで破壊され、村人たちは強制移住を余儀なくされた。

「クルド人難民Mさんを支援する会」のメンバーが2013年9月、帰国できないメティンさんに代わり、家族を訪ねている。この時、親族の案内で破壊された故郷の村を訪れたが、村にはトルコ政府に協力的な別のクルド人が入植し、野菜などを育てる畑を作っていた。


メティンさんは兵役後、両親の元に戻らず都会で妻子と暮らしたことから、軍から「ゲリラに参加した」と疑われた。父親が軍に尋問を受け、疑いをかけられていることに気づいたという。危険を感じたメティンさんはトルコ国外への脱出を決意し、1997年4月に妻と2人の娘を残し単身日本を目指した。当時はまったく日本語がわからず、難民申請もできないままオーバーステイとなり、トルコに強制送還された。

帰国後に警察から尋問を受けるなどしたが、翌年に再び日本の土を踏み、1年後に難民申請をした。2002年に妻と娘2人を日本に呼び寄せた。その後、日本で長男と次男が誕生し、家族は6人になった。だが、家族の生活はけっして平穏ではなかった。

最初の難民申請から3年後、家族が来日したのと同じ2002年に難民申請は不認定となり、トルコへの帰国を促す退去強制令書が発布された。すべての審査が終了し、入管がいつでもすぐに強制退去の手続きをとれるというたいへん危機的な状態だ。裁判に訴えたが地裁、高裁で敗訴し最高裁でも上告棄却となった。

その後もほぼ2～3年ごとに難民申請と異議申し立てを繰り返した。2015年、5回目の不認定を受け異議申し立てをし、その2年後、外部の有識者3人から構成される難民審査参与員による聞き取り調査を受けた。法的拘束力はないものの、参与員は多数決で難民と認めるかどうか、難民とは認めないものの人道的な配慮により日本での滞在が可能となる在留特別許可を与えるかどうかなどを判断し、意見書を法務大臣に提出する。しかし今回も認められずに5回目の難民不認定が確定した。現在、メティンさんは6回目の難民申請を行っている。

この間、3度の入管の施設への収容を強いられている。最初は2002年3月から7月までの4カ月間。2度目は8年後の2010年1月から4月までの3カ月間。2回とも仮放免延長手続きのため入管に出頭して「仮放免を延長する理由がない」と告げられ、その場で収容された。3回目が今回だ。

メティンさんの場合、2カ月ごとに入管に出向き「仮放免延長許可」の更新を繰り返していた。仮放免中は仕事をして報酬を得てはならない「就労禁止」や、居住地以外の都道府県に出かける場合は入管に許可をもらわなければならない「一時旅行許可」などが課せられている。2017年8月、仮放免の延長手続きのために入管を訪れた際「就労禁止に違反したため、仮放免を取り消す」と告げられ、そのまま収容された。仮放免時には入管に保証金を求められることが多い。メティンさんは70万円を預けていた。今回の仮放免取消しは違反行為によるとされたため、70万円のうち3割の21万円が没収された。

メティンさん家族にとって大きな転機は、2011年3月の東日本大震災による福島第一原子力発電所の事故だった。

福島原発事故は日本人だけでなく、日本に滞在していた外国人にも大きな不安をもたらした。メティンさん家族も例外ではなかった。メティンさんらに、1986年4月に旧ソ連（現ウクライナ）で発生したチェルノブイリ原発事故の恐怖を思い出させた。ウクライナとトルコは黒海を挟んだ隣国だ。トルコにも大量の放射性物質が飛来して、甲状腺がんや白血病など健康に及ぼす影響と大勢の死傷者が出た悲惨な事故への恐怖心はクルド人の間にも広く刻まれていた。

とくに仮放免中の外国人には入管による一時旅行許可が課せられ、緊急避難の事態に陥っても県外への自由で迅速な移動は困難に思われた。健康保険証もないため、妻は「子どもに放射線障害が出た時、十分な医療が受けられない」と不安を募らせた。そんな時、中学校に通う娘が、学校で教師から「住民税を払っていない外国人は避難所に入れない」という不用意で誤った言葉を浴びせられた。家族の不安は日に日に募り、妻と子ども4人がメティンさんを日本に残し、トルコに帰国する苦渋の選択をした。こうして家族は今も、日本とトルコに引き裂かれたままだ。

収容中、メティンさんの一番の心配事は家族だった。周さんの電話に妻は泣きながら訴えた。「何も悪いことしていないのに収容するなんて……。(夫は) 病気で体が痛いと言っている。早く入管の施設から出してほしい」。

周さんは別のエピソードも紹介してくれた。メティンさんからの仕送りが止まり、トルコに帰国した大学生の長女は学費を払えず、退学を考えていた。それを知ったメティンさんが入管の施設内に設置されている電話機から長女に電話をかけたところ、彼女は「おじいちゃんが『中退はよくない』と、代わりに学費を出してくれることになった」と告げた。それを聞いてメティンさんが突然泣き出したため、父親の心臓によくないからと彼女は電話を切ったという。

暮れも押し迫った12月19日、メティンさんは4カ月ぶりに収容から解放された。収容中

に6キロも体重が減り、顔色も悪かった。それでも安堵感からか、少しだけ紅潮しているようだった。「早く家族に電話したい」と言った後、「解放が決まる直前、夢の中で娘が『もう少し頑張ったら出られるよ』と言った。本当になった」と話し、晴れ晴れとした笑顔を見せた。

さまざまな病気に加え心労によるストレスも重なり、川口市内のアパートに戻ったメティンさんの体力はなかなか回復しなかった。そんな中、うれしい出来事があった。家族5人が短期滞在で日本を訪れたのだ。2011年に別れてから家族とは一度会ったきりだった。6月20日には東京都内で開かれたメティンさんのトークイベントに家族も出席した。

　仮放免のため就労が禁止されているメティンさんは「仕事をしなければ生きていけない。『国に帰れ』と言われるが、帰れない事情がある」と、30人ほどの出席者に語った。周さんもこの席で発言し、この時期入管の施設内で収容者の自殺や自殺未遂が相次いだことに触れ、「難民申請中は強制送還できないため、(日本政府は) 長期収容することで精神的に追い詰め、自主的に帰国させようとしている。メティンさん家族が一緒に暮らせるよう支援してほしい」と訴えた。

「難民」を追い詰める「長期収容」

4人のクルド人の青年が写った1枚の写真が手元にある。
日付は2015年10月28日。場所はJR蕨駅から徒歩で5分ほどの距離にあるクルド人の支援組織「日本クルド文化協会」。狭い事務所には、入りきれないほどのクルド人や新聞記者、テレビ局の取材チームなどが詰めかけ、緊張と熱気に包まれていた。この日は、3日前に駐日トルコ大使館前で発生したトルコ人とクルド人の「乱闘騒ぎ」に対し、日本クルド文化協会が声明を出すために設けた緊急記者会見だった。写真は、その時に私がシャッターを押した中の1枚だ。

トルコでは、その年の6月に行われた議会選挙でエルドアン大統領率いる与党AKP（公正発展党）が敗れ、過半数割れしたため、エルドアンは再び過半数を獲得しようと解散総選挙に打って出た。乱闘はトルコ大使館で行われた在外投票日の出来事だった。この時、投票のため集まったトルコ人とクルド人が衝突し、多くのけが人が出た。

会見でクルド側は「我々はトルコ人と争うつもりはない。平和的に投票したかっただけだ。だが、理由はどうあれ、日本人に迷惑を掛けたことをお詫びしたい」と前置きし、事件を語った。

クルド側は事件の背景に、反エルドアンのクルド人が投票するのを妨害する意図があったと指摘し、次のように説明した。

「第1回目の（クルド人への）暴行は、午前6時半ごろ発生した。与党支持者のトルコ人がクルドの若者たちの乗った車を見つけ、車外に引きずり出して暴行し、2人を負傷させた。クルド人の車の後部にシリアのクルド人民兵組織YPGの旗があり、それをトルコ側が奪おうとした」。

「9時から投票が始まり10時までは平穏だったが、

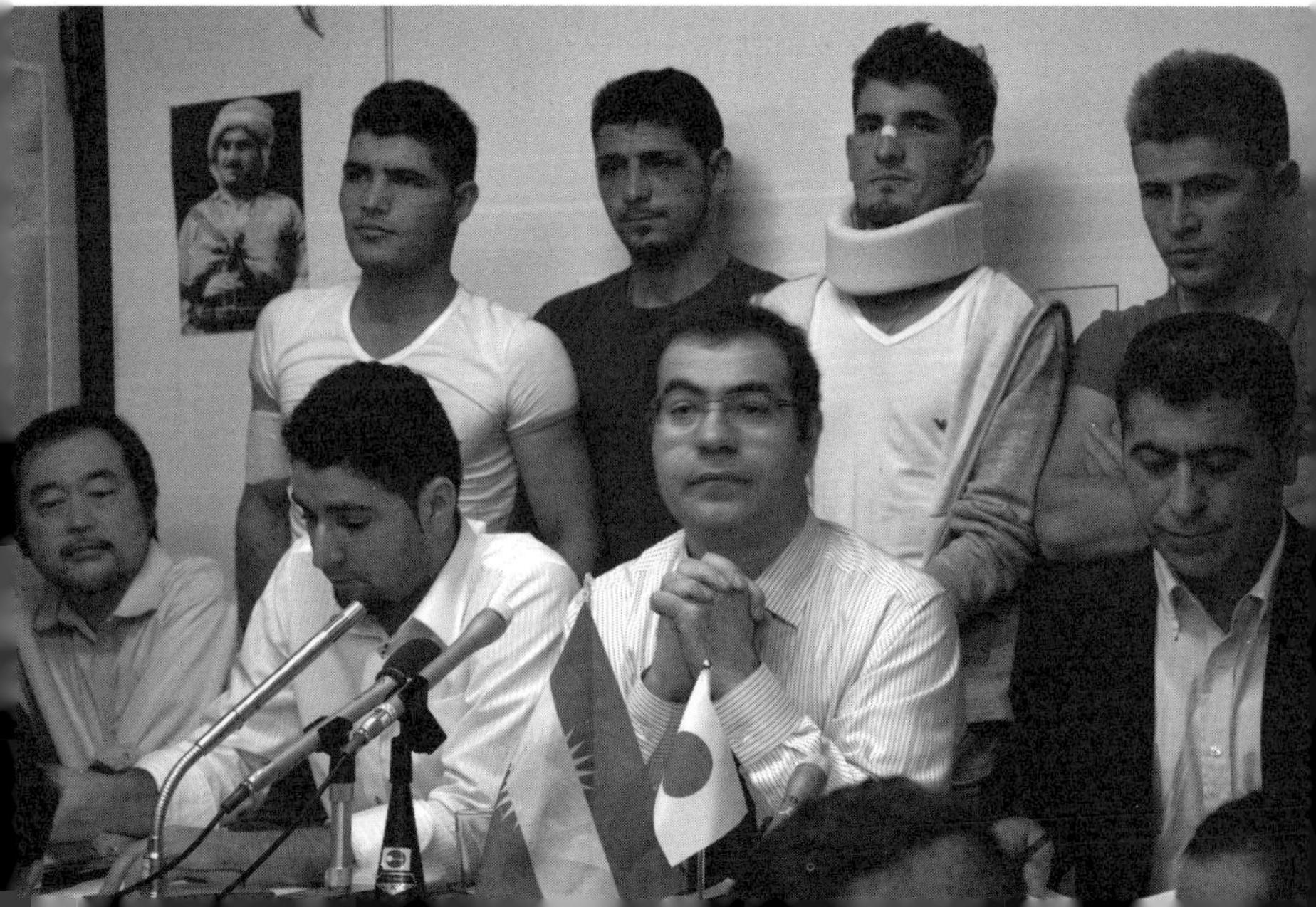

間もなくして殴られた若者の親族らが集まり始め、トルコ側の代表者に殴った理由を問いただした。ところが『クルド人を殴るのに理由はいらない』と答えが返ってきたため2度目の乱闘が始まった。大阪や名古屋から駆けつけた与党支持者の中には投票に必要な事前登録をしていない者がいたほか、鉄パイプなどを事前に準備していることから、(エルドアン大統領支持派による)周到に準備された選挙妨害だ」。

この事件から3年後の2018年1月ごろ、私は入国管理局による施設への長期収容の実態を知ろうと取材を続けるうち、茨城県牛久市にある東日本入国管理センターの施設に2年以上も長期収容されているベラット・バリバイさんを知った。取材を申し込むと、家族を通じ「取材を受けたい」との回答が届いた。

私は長期収容者が収容されているというこの施設を初めて訪れ、東京入国管理局の収容施設と同様の手続きをして、面会室に入った。2畳ほどの面会室でしばらく待っていると、がっちりした体躯のベラットさんが入ってきた。面会室を仕切るガラス板に名刺をかざしながら、私は来意を告げた。

「なぜ自分がここにいるのか。どんなに苦しくてもトルコには帰れない。だから、この収容は無意味なんだ」。

取材を通じ、ベラットさんは自分自身に言い聞かせるかのように、長期収容の残酷さを告発した。話を聞くうち、ベラットさんがトルコ大使館前での「乱闘騒ぎ」で、殴られた若者の一人とわかった。さらに、緊急記者会見の席上、壁を背にした4人の若者の一人だったと知った。写真のベラットさんは、まだ20歳そこそこには見えないほど、精悍な顔つきで前を見据えていた。


ベラットさんとの面会は3回にわたった。最初の面会で、故郷の思い出を聞いた。

「住んでいたところしか知らない。他の場所に行ったことはなかった。家の近くに大きな川があり、夏には友だちと一緒に水遊びをして遊んだ。思い出すと懐かしい。遊びはほかに友だちとの追いかけっこ、サッカーのようなボール遊びもした。レスリングのまねごともした。

ある日、家に軍隊が来てママを銃で殴った。軍隊は家中の家具をちらかして、父親を連行した。父親が連れて行かれる時、兵士に『やめて』と叫んだ記憶がある。今もときどきその時の夢を見る。

家族と一緒に日本に来たのは2007年で12歳、中学1年の途中だった。その2年前、2005年にいちばん上の兄が日本に行っていた。みんなと別れるのは辛かった。飼っていたニエキという白いオス犬を（トルコに残る）姉に預かってもらったが、別れの日は涙が出たよ。日本はどんな国か知らないし、学校も替わる。日本語がわからない不安もあった。ただ、兄に再び会えるうれしさはあった」。

続いて、日本での生活について話し始めた。

「川口市に来て、自宅近くの中学校に入学した。そこでひらがなや漢字を覚えた。最初は先生の言っていることがわからなかった。他の授業の時も日本語を勉強し、少しずつわかるようになった。周りのクラスメートが話しかけてくるようになった。ある同級生の女の子と自然に仲良くなり、近所のショッピングモールに行ってゲームをした。その時『こんにちは、お元気ですか』と言う言葉を教えてもらった。『話す言葉は英語ですか』と聞かれたこともあった。（外国人の自分に）興味があったのかな。いじめもあった。ある時、運動場で急に砂をかけられけんかになったが、その子とはその後、仲良くなった。（群馬県にある）水上温泉への修学旅行は本当に楽しかった。

中学2年の終わりごろ、自転車に乗っていて車と衝突した。頭蓋骨骨折と全身の打撲傷で学校に行けず、ずっとリハビリをしていた。学校に行き続けることは経済的にも負担だった。3年生の時には学校に行かなくなっていた。ショッピングモールでゲームをして過ごし、週に1、2回、家族を助けるために解体工事現場でアルバイトをしていた。当時は仮放免の意味も知らなかったけど、親と一緒に日本に来ただけの自分に責任はないと思っていた。そのうち日本人の彼女ができて、楽しい時間を過ごした。

だんだんクルドの戦争のことも知るようになった。イスラム国のことも知って、イスラム国の兵士が首を切るニュースも見た。不安が大きくなった。（自分も）トルコに帰ったら兵士になって人を殺すのかなと思ったりした。

収容されることは頭になかった。六本木の飲み屋に行ったことがばれ、許可なしに県外に出たとして仮放免が取り消され、収容された。トルコ大使館での事件も影響していると思う。難民申請中で強制送還はできないが、大使館が（自分を）トルコに帰せと言っているのではと疑っている」。

2回目の面会では、主に収容施設内での生活について聞いた。

「朝食は午前7時半ごろ部屋に届けられる。パンとジャムと卵とミルク。毎日同じメニューだよ。自分は8時ごろ起床し、9時半に部屋のドアが開けられるので部屋を出て、友だちと話したり廊下を歩いたりする。洗濯機のある部屋にはバーベルやダンベルが置いてある。11時40分に部屋に戻り午後1時まで昼食の時間。自分は魚や豚肉は食べないので、ほぼ毎日鶏の唐揚げを注文している。唐揚げは以前は4個ついてきたが、3個になり今は2個だけだ。職員に理由を聞いたら『予算が減った』と説明された。湿布薬や塗り薬も以前は頼めばいつでもくれたが、今はできない。いちいち申し込みをしないともらえなくなった」。

収容者の増加で一人当たりの予算が減ったことが考えられる。

「午後1時からはまた部屋から出られる。毎日、同じことの繰り返しだ。曜日ごとの決められた時間に、壁で囲まれた庭に出られる。サッカーボールが置いてある。以前はバスケットボールもできたが、今はボールもシュート用のカゴもない。

今は4人部屋に3人でいる。ペルー人とネパール人と一緒。もう一人ペルー人がいたが、今いるペルー人と仲違いし別の部屋に移った。一人が寝たいと思っても、もう一人がテレビを見ていれば、音がうるさくて寝られない。ちょっとしたことが争いの原因になる。他の部屋からけんかの声が聞こえることがある。

土曜日はカレーライスが食べられる。ハンバーガーの時もある。でも、結局同じメニューの繰り返しで飽きてしまう。食欲がわかず夕食を食べないこともある。(代わりに)カップラーメンやクッキーを食べる。コーヒーを飲むこともある。コンビニの店員が週に2回売りに来るので買うことができる。夜の10時が消灯時間、テレビも見られなくなる。

昨年6月から歯痛になり、診察まで2カ月も待った。また2カ月後に腫れて、食事ができず夜も眠れなかった。診察を頼んでも職員は『我慢しろ』と言うばかりだった。自分で針を刺し膿を出した。

なんでここに2年間もいるのか理解できない。ついつい考えてしまってそれがストレスになる。朝まで眠れないこともあるから、収容されて以来、睡眠導入剤を飲み続けている。仮放免の申請がだめになり、希望を失った。先が見えない。我慢しなければいけない。それがいつまで続くのか、苦しい。2年7カ月収容されていたインド人があきらめて帰国した。ブラジル人も2年で国に帰った。バングラデシュ人は2年7カ月収容されているが、『国には帰らない』と言っている。

日本は難民申請できるから『どうぞ難民の人は来てください』と言っているのと同じ。(自分も)希望を持ってきた。帰ったら強制的に兵士にならなくてはいけないから、トルコには帰れない。入管もわかっているはずだ。これは無意味な収容だ」。

3回目の面会日、私が「元気?」と問いかけると、ベラットさんは「あまり元気ではない。9回目の仮放免申請もだめだった」と力なく答えた。今回は収容の経緯などを中心に聞いた。

「六本木でいとこがけんかして、自分は仲裁に入ったが手が相手に当たり、暴行したとして逮捕された。示談になり、被害届は取り下げてもらった。2週間後に入管から呼び出しがあり『無許可で県外に出た』と言われ、仮放免を取り消されて収容された」。

トルコ大使館前で起こったことについても聞いてみた。

「朝の7時ごろ、4人で車で大使館に行き、近くの路上で（大使館が開くのを）待っていた。車を止めてすぐに（トルコ人に）囲まれた。車の後部座席の窓の近くにYPGの旗があったからだろう。車のドアを開けられて兄が引きずり出され、殴られて道路脇に倒れたのが見えた。自分も車を降りたら、囲まれて襲いかかられた。最初は素手だったが、途中で鉄の棒のようなもので後頭部を殴られ、パーッと血が噴き出した。一瞬、目の前が暗くなり死ぬかなと思った。自分のパンチも当たったが身を守るのが精一杯だった。いとこも頭を踏まれていた。

襲撃はまったく予想していなかった。トルコ人は30〜40人いて、近くに警察官が2人いたが見ているだけだった。まあ、トルコにいたら警官にも殴られただろうから、誰かが死んでもおかしくなかったんだろうけど。別々に病院に行った後、連絡を取り合い4人で大使館に行った。『殺されても投票する』意志を示すためだ。周りのクルド人から拍手が起きた。この日、クルド人は子どもも含め200〜300人、トルコ人は午前中だけで700人くらいいた。

襲撃は偶然ではなく、計画されていたものだと思う。自分は安全を求めて親と一緒に日本に来た。それが日本でも殺されるところだった。襲撃された時『クルド人は死ね』とか『クルド人は生きる権利がない』という声が聞こえた」。

ガールフレンドとのことも話してくれた。

「フェイスブックに自分の顔写真を載せていたら、『あなたはルーマニア人か』とメッセージが来た。『違う。トルコ人だよ』と答えて、メッセージの交換が始まった。彼女は父親が日本人で母親がルーマニア人、日本国籍だった。そのうち会うことになり、交際が始まった。2年ほどつきあった。

つきあっている時に収容されたが、最初は品川の入管だったので面会に来てくれた。その後、牛久に移されて、なかなか会いに来られなくなった。半年くらいで出られると思ったがだめで、電話で彼女の父親に事情を話したら理解してくれた。でも、母親は『1年も(入管に)入っているのはおかしい。何か悪いことをしているはず』と交際に反対した。

ある時、彼女に『無理しなくていいよ』と言ったら、彼女は『大丈夫』と言ってくれた。どちらが別れようと言い出したわけではないが、彼女は面会にあまり来られなくなり、自分も彼女のことを考えて電話をしなくなった。ここでは手足を縛られているも同然でどうしようもない。どうしてこんなに長く収容するんだろう……」。

私はベラットさんの家族からも話を聞こうと、川口市内に住む家族のアパートを訪ねた。次兄のマズイムさんが対応してくれた。

「弟はやさしい性格できょうだいげんかをしたことがない。弟から昨日も電話があったが、泣いていた。入管職員は歯が痛くても病院にも行かせないし、薬もくれない。また今度とか、来週とか言って引き延ばしている。『早く国に帰れ。お前は出さないよ』と、ひどいことを言ってくる。歯が痛くて大声を挙げたり、精神的に追い詰められ怒ったりすると、拘束して独房に入れるんだ。拷問と同じだ。難民申請している人に拷問のような痛みを与えている。

弟はタオルで自分の首を絞めたこともある。電話で話していたら背後で『早く電話を切れ。早く国に帰れ』と言う声が聞こえたこともあった。ママは心臓が悪いのに、心配でいつも泣いている。この間牛久に会いに行った。弟が『もう我慢できないから自殺する』と言ったので、ママは『しないで、しないで』とお願いしていた。3カ月ほど前から弟の精神状態が不安定になり、家族みんな心配している」。

隣で話を聞いていた母親のバシュットさんがクルド語で何か話し始めた。「死ぬ前に息子を出してほしい」。マズイムさんが母の言葉をそう通訳した。

マズイムさんは日本政府への怒りを口にした。「日本政府のしていることはテロと同じ。日本を嫌いになる人を作り出している」。入管の施設への長期収容に強い憤りをにじませた。

7月、ベラットさんはようやく仮放免を認められて収容施設を出た。2年4カ月に及ぶ収容だった。しばらくして私は、川口市内のベラットさんのアパートを訪ねた。その日は猛暑が続く暑い日で、3階まで階段を上がると、部屋中の窓と玄関が開け放たれていた。エアコンが壊れたという。部屋の中はむっとする暑さだった。屋内での熱中症事故がニュースになっていただけに、ここで暮らす家族の健康が心配になった。

健康保険証を持たない家族にとって、医療費の問題は大きい。仮放免では健康保険に入れないため医療費はすべて実費。以前、「風邪をひいても薬を買う金もない。仕事で目にゴミが入り痛くて仕方ないが、医者にも行けない」と兄のマズイムさんが嘆いていた。それでも重い病気の時は病院に行かなければならず、家族6人分の医療費は10年ほどで総額600万円になった。支払いが滞り、病院側から支払い請求の裁判を起こされたという。苦しい家計をやりくりして毎月少しずつ返済し、今の残金は150万円ほどだそうだ。

母親のバシュットさんは、孫が体調を崩し救急車を呼んだところ、結局病院に運んでもらえなかった話をしてくれた。救急車に乗せてもらえなかった理由はわからなかった。最近は病院に行っても、診察前に3万円、5万円といった前払い金を出さないと診察してもらえないという。

面会室で会った時とは異なり、穏やかな表情のベラットさんが心境を語った。「長く収容されていたので、まだ気持ちにダメージがある。夜眠れないこともある。すぐにまた収容されるのではという恐怖感もある」。

不安を語りながらもときどき笑顔を見せ、長い収容から解放され、家族と過ごせる安堵感を見せた。妹家族と同居していて、赤ん坊の泣き声で眠れないこともあるためか、私に向かって「(子どもを)1人連れてって」と冗談を言って笑わせた。

入管収容施設での自傷

「もう二度と傷つけないでね」。

クルド人の夫イブラヒムさんに日本人の妻は泣きながら告げた。

2018年3月下旬のある日、東京入管7階にある面会室の出来事だ。1週間ほど前、夫から一日置きにかかってくる電話が途切れ、心配していた矢先に支援団体のメンバーから「(イブラヒムさんが)収容施設内で体中を傷つけ、一人部屋で監視されている」と聞かされた。

妻が不安を押し殺しながら待っている面会室、そのドアを開けて入ってきた夫の腕には長さ5~6センチ、幅が5ミリほどの傷跡があり、首や手首などにも数十カ所の切り傷が残されていた。首の左右の7、8カ所の傷はごく浅く、妻は少しほっとした。2人は泣きながら見つめ合い、透明なガラス越しに互いの手のひらをぴったりと合わせた。面会時間の30分間、ただ泣き続けるしかなかった。

収容は家族と引き離された収容者に不安や先の見えない絶望感を押しつける。とりわけ、程度はどうあれ難民性を帯びた収容者には、「なぜ収容されるのか」という疑問が膨らみ、さらに大きな精神的ストレスとなって自殺や自殺未遂、さまざまな自傷行為に追いやっている。

支援者が紹介してくれて、私は面会室でイブラヒムさんと向き合った。イブラヒムさんが、自分を傷つけた日のことを話してくれた。

「その日は仮放免申請が却下され、気持ちが落ち込んでいた。考え過ぎてずっと夜眠れなかったし、食欲もなくほとんど食べていなかった。体が動かず、息苦しかった。眠るのが怖かった。入管（職員）が自分を切ろうとしたり、人を殺せと言ったり、逃げる自分を撃ってきて足に穴が空いたりする怖い夢を何度も見たからだ。昨日も眠れなかった。自由も希望もない。妻にも家族にも会えない。何もしていないのに……」。

話を聞き終えた私は「刃物はどうしたの？」と尋ねた。

「人からもらった鉛筆削りを分解し、そのカッターを使った。自殺しようとしたが、怖くてなかなか決心がつかなかった」。

収容は2014年から2015年にかけての1年2カ月に続き、今回は2回目で、2017年10月からすでに7カ月が過ぎていた。2017年2月に結婚し、6月には川口市内で大勢の友人や親族に囲まれ披露宴をしたばかりだった。

「(トルコでは)高校に進んだが、2カ月で退学した。中学校の頃からいじめはあったが、高校でも続いた。学校裏の公園でトルコ人とクルド人の乱闘が何度もあった。『変なクルド人』と罵声を浴び、勉強も頭に入らない。いやになった。何をしていいかわからず、家でぶらぶらしていた。

数カ月後の2010年12月31日に飛行機に乗り、2011年1月1日に成田空港に着いた。空港ですぐに収容され18日後に仮放免になった。最初の日本の印象は「寒いな」だった。トルコにも四季があり、ガジアンテップでは雪も降るが、風はあまりない。風がある日本の冬は寒かった。

ニュースや旅行雑誌で日本の風景は知っていた。すでに日本にいた兄からは『やさしい人ばかり。いい国だよ』と聞かされていた」。

2回目の面会で、故郷での生活を聞いた。

「生まれたのは1995年1月1日で、家はガジアンテップ近くの村にあった。兄が3人、姉が1人の末っ子でちょっと甘えん坊だった。今は家族全員が日本にいる。両親は畑を耕しトマト、キュウリ、ナス、ピーマンなどを作っていた。羊は100〜150頭、ヤギは20頭くらい、牛も数頭飼っていた。ミルクを絞ってチーズやヨーグルトなどを作っていた。羊のオスはラマダン（断食月）の時に肉として売った。お金に困ることはなかった。家族旅行をしたり、川でバーベキューをしたりもした。

小学校は村にあり、ほとんどクルド人だったからいじめはなかった。中学校は隣の村にあり、トルコの村からも生徒が通っていた。毎日けんかがあった。でも、トルコ人の中にもクルド人の味方がいて友だちになった。両民族の結婚もあった。

母親の話だと、昔は山で暮らしていた。PKKが山に入って来て、家にご飯を食べに来ていた。ある時、村の近くで政府軍のヘリコプターがロケット弾で撃墜され、軍の戦車が3、4台やってきた。村の男全員が連行されて殴られた。軍が森の木を切り払った。家族が山を下りたのは私が5〜6歳ごろだと思う。一番上の兄が2005年に最初に日本に来た。続いて次男、三男と僕が、最後に両親と姉が来た」。

3回目の面会では、短期間で2度も収容された事情などを聞いた。

「難民申請を取り消され、仮放免にもならずに収容された。理由を教えてほしい。（同じ状況で）捕まらない人もいるから、入管のやることはわからない。難民申請の却下理由の開示請求をしたが、5センチほどの厚さの書類のほぼすべてが黒塗りだった。なぜ捕まえる理由が言えないのか。人の人生をゴミだと思っているのか。

2度目の収容を告げられた際、妻に電話をしてその携帯を取り上げられ、抵抗したら押さえつけられて、顔の半分が紫色になった」。

日本に来て後悔はしていないかという質問にはこう答えた。

「何も悪いことをしていないのに収容されて、入管には怒りがある。来なければよかったと思う時もある。でも、日本国民は悪くない。政府が悪い。日本には友だちがたくさんいるし、妻とも出会えた。ここを出たら早く子どもがほしい。仮放免では仕事ができないのでビザがほしい。働くために、溶接（や建設現場）の足場組みの資格を取りたい。重機の運転免許もほしい。ひらがなとカタカナ、漢字の勉強をしている。小学校3年生のドリルまで進んだ。でも、ここでは頭に入らない」。

また、彼は熱っぽくこう語った。

「自分は何があってもクルド人だ。誇りを持って生きてきた。平和に暮らすためにたくさんのクルド人が死んだ」。

4回目の面会では若干表情が和んでいるように見えた。

「少し眠れるようになった。仮放免がだめになり落ち込んだが、一番辛いのは妻だから、自分が気持ちをコントロールして頑張らなくては……。都内に住む妻の祖母も面会に来た。『元気？ もうちょっとだから頑張って』と言ってくれた」。

普段どんなふうに過ごしているか質問すると、昨日のことを話してくれた。

「朝9時半に起きて（7時半に部屋に配膳された）朝食を食べた。部屋や廊下でぶらぶらしたり、友だちと話したりした。12時に昼食のため部屋に戻り、午後1時に外に出た。自分は8階にいるが、9階と10階のブロックにも収容者がいる。10階にいるいとこから名前を呼ばれ、『もう少しだから頑張れ』と励まされた。窓を開けると鉄格子があるが、会話ができる。そこへ担当職員が『話すな』と言ってきて、けんかになった。ここはまるで熊の檻のようだ。夕食の後、友だちと話をして過ごした。手紙や絵を描いたりした。紙で鶴も折った。その鶴を何個も組み合わせ花瓶やペン入れを作った」。

イブラヒムさんの左腕にはタトゥーが入っている。

「17歳の時、友だちのタトゥーを見てかっこいいと思った。結婚の挨拶に行った時は夏だったが、（タトゥーが見えないよう）長袖のシャツを着て行った」。

最後の言葉を、少しはにかむように口にした。妻は家庭の事情で、都内に住む祖父母に育てられた。結婚の承諾を得るため二人が向かったのも祖父母の家だった。若者の間でタトゥーがファッションとして流行っているとはいえ、大人たちのタトゥーへの微妙な感情を、イブラヒムさんも感じ取っていたようだった。

面会時間が終わる間際、イブラヒムさんが独り言のようにつぶやいた。

「子どもが（生まれて）大きくなったら一緒にお酒が飲みたいし、遊びにも行きたいな」。


新聞記事として掲載するために必要な写真について、「写真はいろいろあるので、妻と相談してほしい」と言われ、イブラヒムさんの妻と連絡を取った。ＪＲ東川口駅付近の喫茶店で、イブラヒムさんの写真を借りる相談をした後、二人の出会いなどを聞いた。

「イボ（イブラヒムさんの愛称）に初めて会ったのは、２０１６年の2月。外国文化に興味があり、外国の友人が欲しかったので（ネット上の）言語交換アプリを利用していて、日本人の友だちを探していた夫と知り合いました。

半年ほどメール交換し、話が合うので、一度会うことにしました。最初は少し幼い印象

を受けました。それからときどき会い、ボーリングをしたり映画を観たり、ドライブにも出かけました。最初は友人としての付き合いだったんです。

ある時、夫の友人の親戚の家に泊まりました。親戚が多くてびっくりしました。この日、その家の子どもたちへのやさしさにあふれる接し方、悪いことをしたら理由を示して叱る態度を見て、夫の子どもたちへの愛情を感じました。この時、夫へ好意的な感情がわきました。

私には父の記憶がほとんどありません。私が幼い頃父は家を出ていったからです。まもなく母と私たちきょうだい3人は母の実家で暮らし始めました。母はほとんど家にいなかったため、祖父母が私たちを育ててくれました。だから、私はずっと暖かい家庭を夢見ていました。夫に交際を申し込まれても、すぐには決断できませんでしたが、夫が相手を尊重し思いやることができる人だと考えるようになり、この人となら暖かい家庭が築けると思いました。

クルドのことはニュースで少しは知っていましたが、トルコで校長先生が『クルド語をしゃべるな』と言って子どもたちを殴った話などを聞き、夫が安全と平和を求めて日本に来たことがわかりました。クルドのことをもっともっと知らなくては夫を理解したことにならないと思いました。

最初、祖父母はビザもない難民の夫との交際に大反対でした。結婚の承諾をもらうため二人で祖父母の家に行きました。祖父は怖い顔をして『本当に養っていけるのか』と詰問しました。夫は緊張のせいで言葉が出なかったため、私が説明しました。最後は祖父も『わかったよ』と言って、結婚を認めてくれました。その後祖父は癌の手術で入院し、夫もたいへん心配してくれました。今、二人はとても仲良しです」。

妻はイブラヒムさんの自傷行為について、入管に抗議の手紙を持って訪れた。

窓口に現れた職員は、手紙の内容も確認しないまま「預かります」とだけ告げたという。妻は「夫が自分を傷つけたのはなぜなのか。なぜこんなに長期間収容されているのか」と訴えた。「今までも（施設内で）人が死んでいると思うが、夫が死んだら責任をとれるのですか」と声を荒げた。「僕たちは責任をとれません。誰も責任をとれません」という職員の発言が妻の怒りに火をつけた。妻は職員の態度に「あきれると同時にふざけているのかと思った。入管は収容がどんなに人を追い詰めているかわかっていない」と語気を強めた。

インド人収容者の自殺が与えた衝撃

「インド人が自殺したらしい。警察が来て大騒ぎになっている」。

２０１８年４月13日、牛久市の東日本入国管理センターの収容者から、「牛久入管収容所問題を考える会」（以下「牛久の会」）のメンバーに電話がかかってきた。

東日本入国管理センターの発表などによると、32歳のインド人男性がその日のお昼前、シャワールームでタオルを首に巻いた意識不明の状態で発見され、搬送先の病院で死亡が確認された。「牛久の会」によると、男性は約1年前に来日し、収容は9カ月に及んでいた。政治的な迫害の危険などを理由に難民認定を申請中で、自殺前日に仮放免の却下を知らされ落胆した様子だったという。

事件は男性のインドの地元にも伝わり、新聞では母親の「前の日に電話があったが、変わった様子はなかった」などの言葉が報じられた。

インド人男性の自殺直後、収容施設内の同じブロックにクルド人男性が収容されていることがわかり、支援者を通じ取材を申し込んだ。クルド人のイナンさんが取材に応じてくれるという連絡を受け、私は東日本入国管理センターに向かった。イナンさんが事件について話してくれた。

「このブロックには4部屋あり20人ほどが収容されている。（インド人男性とは）部屋は隣同士。よくトランプをして時間を過ごした。彼は独身だった。年齢が一緒だっただけにショックを受けた。

自由時間が過ぎても彼が部屋に戻らなかったため、職員がシャワー室を確認しようとしたら鍵がかかっていたそうだ。午前11時15分ごろ鍵を壊してシャワー室に入ったところ、タオルを首に巻いて自殺していて、すぐに救急車を呼んだが、亡くなったという。ドアを閉めて20～30分後の出来事らしい。

我々は職員から午後2時半ごろその説明を受けた。午後4時半になり、部屋に戻る時間になっても誰も戻ろうとしなかった。『なぜ自殺したのか。責任者はだれか』と職員に聞いても説明されず、納得できなかったから。自殺の2日後から、入管の対応に抗議するため入所者がハンガーストライキを始めた。参加者は100人を超え、1週間続いた。

彼はやさしい人だった。冗談も好きで運動も得意だった。毎日午前11時半になると、1

時間ほどお祈りをしていた。どんな宗教かは知らない。自分に3人の子どもがいるのを知っていて、『大丈夫、早く出られるよ』と励ましてくれた。でも、故郷の家族のことはいっさい話さなかった。お互いに会話は日本語でしていた。今でもシャワー室に入ると思い出して心臓が高鳴り、頭がパンクしそうになる」。

イナンさんの子どもは9歳、6歳、1歳半の3人でみんな男の子だ。彼は少し悲しげな表情で話し続ける。

「電話すると悲しくなる。子どもたちが『パパと一緒に住みたい』と泣いている。『運動会で他の子はパパいるのに、なんでパパは来ないの?』と言われるが、説明できない。『いつ帰ってくるの?』と聞かれても、どうなるかわからないから答えられない。公園で遊んでいても、『パパがいない』と泣いているそうだ。パパがいないからいじめられている。『学校に行けない』と言うから『ちゃんと勉強して』と伝えた。妻も眠れないと悲しんでいる。三男がようやく話し始め、電話口で『パーパ、パーパ』と呼んでくれた。思い出して夜泣いているよ。何もできない」。

私はメモを取りながら聞き続けた。30分の面会時間はあっという間に終わった。再度、面会に訪れることを告げ、面会室を後にした。

2回目の面会で、イナンさんは自身のことを話してくれた。

「自分は2012年12月、一人で飛行機に乗り難民として日本に来た。トルコは危ないから、イタリアやオーストラリアなど世界中にクルド人は逃げた。

トルコではネブロスにも警察が来て人々と衝突した。自分は止めに入ったが逮捕され、警察署で殴られた。1カ月間捕まった。病院でもトルコ語を話さないと診察してもらえないし、学校でもクルド語を話したら棒で叩かれる。町でクルド語を話すと先生に告げ口された。クルド人はみんなPKKだと言われ、悪口も言われた。

最初に日本に来たのは2003年で、17歳だった。難民申請したが、入管に収容され1年半いた。『お前は（トルコに）帰すだけだ』と繰り返し言われ、結局帰国するしかなかった。

2度目に日本に来た時が2012年、結婚して妻と2人の子どもがいた。家族は2013年7月に呼び寄せた。その後ずっと（日本での滞在が可能な）ビザは更新できていたのに、難民申請が却下され、『ビザもあげない』と言われて2017年11月に収容された。

『日本は安心な場所だ』『日本人はみんなやさしい』と聞かされていた。でも、来てみたら外国人に厳しいことがわかった。日本もトルコも同じだった。3人も子どもがいるのになぜ捕まるの。仮放免になったとしても仕事もできない。市役所に生活保護を求めたが、だめだった。子ども3人どうやって生活するの？　クルド人は日本でもいじめにあっている。助けてくれるのは神様だけだ」。

2回の面会で、思いの丈をぶつけるように話し続けたイナンさんだったが、3回目の面会では、気持ちが落ち込んでいるためか伏し目がちに話し、何度も深いため息をついた。その日聞いたのは子どもの頃の話だ。

「家族は両親と弟が5人。ヤギを飼い畑を耕した。山で羊の世話をした。町にある中学校にバスで通ったが、トルコ人からのいじめにあった。先生も同じ。15歳の時、中学3年の途中で学校をやめ、その後は家の仕事を手伝っていた。1980年ごろから政治情勢が厳しくなり、クルドの男たちは暴力をふるわれ、おじたちはドイツやイギリ

スに逃げた。妻の父も指を切り落とされたと聞いた。ヨーロッパでは助けるよ。おじは『なぜお前が捕まっているのか。難民なら捕まることはないよ。家族をばらばらにすることはないよ』と言った。難民を助けると思ったから日本に来た。でも、日本は難民をいじめる国だった。ここは刑務所と同じ。いやそれ以上だ。収容施設にいつまでいるかもわからない。刑期がないから刑務所以上に精神的な拷問を加えている」。

イナンさんは収容がいかに残酷かを繰り返し訴え、また深いため息をついた。

4回目の面会でも、イナンさんは気持ちが落ち込んだままだった。私は黙ってメモを取った。

「一番大切なのは家族だ。その家族をばらばらにしている。我々を収容施設から出すか、それとも帰国させるか、どちらかだ。入管は我々の人生をもてあそんでいる。人生は一回だけ。我々の生活を考えて。クルド人のことは世界中が認めている。なぜ日本だけいじめるの？

1歳半の子がようやくしゃべり始めた。今が一番幸せな時間なのに、一緒に遊んであげられない。電話の向こうで長男が次男に耳打ちしているのが聞こえたよ。『パパを喜ばせるためにいい話をしてあげて』と。毎日『神様お願い』とお祈りしている」。

イナンさんが、子どもたちの話をしながら「今が一番幸せな時なのに」と力なくつぶやいた時、私は数十年も前のある日の光景を思い出した。家族でどこかに出かけようと電車に乗った時のことだ。発車直前に乗り込んできた見知らぬ初老の男性が突然、我々家族に近づき「子育ては人生の華だ」と独り言のような言葉を残し去って行った。我が家の３人の娘たちが育ち、家を出てそれぞれの家庭を築いた今、私は娘たちと過ごした「一番幸せな時」を思い返した。どうしてイナンさんは、子どもたちと幸せに過ごす時間を奪われているのだろうか。

取材メモを整理していたところ、２０１７年11月の東京入管前での抗議行動にイナンさんの妻が参加していたことがわかった。当時、イナンさんは品川の東京入管に収容されていたが、私が彼を取材した際は東日本入国管理センターに移送されていて、すでにしばらく経っていた。

東日本入国管理センターでインド人男性が自殺した直後、「牛久の会」は、センターの所長宛てに抗議の申し入れ書を提出した。

申し入れ書では「(東日本入国管理センターでは) ２０１０年日系ブラジル人と韓国人の

2名が自死、2014年3月にはイラン人とカメルーン人が相次いで病死、昨年3月にもベトナム人が病死しています」と自殺や病死が相次ぐ問題を指摘していた。さらに、「どうあっても帰れない事情を持っている方々に対し、無理矢理の帰国を迫る対応を改め、仮放免制度の弾力的な運用を求めます」と改善を要求した。

その上で、次のような約20項目の具体的な改善の申し入れを行った。以下、気になるところを抜粋した。

収容は6ヶ月を超えない。特に昨年来より長期収容者が激増しています。長期収容により、肉体的・精神的にダメージを受けます

成田等で上陸拒否になった難民申請者に対しては難民条約等の国際法上の観点からも早期に仮放免許可をする

拘禁性のストレスから発症する精神的な障害に対しては重篤化する前に仮放免を適用する

収容施設での拘束の継続により、病気を悪化させるおそれがある者は早期に仮放免を適用する

特に、日本に家族（子供）がいる方には早急な仮放免を許可する

外部医療機関（専門医）への通院診療は、申出書受領後速やかに行う

外部医療機関への通院時の腰縄・手錠拘束はやめる

夕食後、夜間居室内移動自由時間を再度午後6時から9時まで設ける

家族面会の制限や家族面会室の仕切りはなくす
チャーター機による一斉送還、同意無き退去の執行等を無くし、被収容者が裁判を受ける権利、在留特別許可の道を開く事

申し入れ書で指摘された改善項目は、私が入管に収容中のクルド人と面会を重ねる中で、繰り返し訴えられた課題ばかりだ。とくに小さな子どもを抱えた父親の長期収容は「家族を引き裂く」意味で、大きな問題だ。

「牛久の会」代表の田中喜美子さんは「収容状況は悪化している。とくに先が見えない長期収容は問題だ。若いクルド人がインド人の自殺直後に洗剤を飲んだ。彼は日本人女性と結婚わずか1週間後に収容された。ご飯を食べても吐いてしまう状態で、先日面会したらげっそりやせていてびっくりした。入管は『帰れ』というが、それぞれ国に帰れない事情を抱えている。そうした中で精神的・肉体的な抑圧は人権侵害だ。仮放免では仕事ができないと明文化したのは2011～2012年の局長通達だ。それまでは仕事ができた。仕事をさせないことも、人間の権利を侵害している。アパートの2階から3階に引っ越して、(住所変更の)届け出がなかったとの理由だけで3年以上も収容されているパキスタン人もいる」などと支援活動の中で体験した数々の事例を語った。

ある女性収容者の訴え

新聞記者にとって、取材対象とのインタビューは大仰に言えば一対一の真剣勝負だ。冷静に客観的に話を聞かなければならない。時には感動を共有し心を動かされ、思わず目頭が熱くなることもあるが、そんな時は気持ちの揺らぎを悟られぬよう努めて平静を装う。私は今回の取材で、入管に収容された多くのクルド人を取材した。辛い取材になったが、冷静に話を聞くと同時に、私は彼らの思いをしっかり受け止めようとした。そんな中で、私はメヒリバンさんに出会った。

〈なにも　わるい事してないのに　なんで　なんで　いま　わたしがこんなところにいるんですか？　日本そだちですよ〉

東京入管に収容されているドルスン・メヒリバンさんから私に一通の手紙が届いた。東京入管7階にある面会室で、メヒリバンさんに話を聞いてから数週間後のことだ。手紙にはストレスから体調を崩したことや、ガラス越しの面会室で夫の手を握りたかったことなどが綴られ、〈わたしは　どこにいけばいいんですか？　トルコには　いけないし　かぞくみんなここに　います。かぞくはクルド人でかえれない〉と訴えていた。

2017年10月24日に突然、入管からメヒリバンさんに出頭要請の連絡があった。周囲で多くのクルド人が収容されていたため、不安が募った。1カ月後、入管に出向くと「仮放免はしない」と告げられ、そのまま収容された。妹の紹介で知り合ったクルド人男性と、半年前に結婚したばかりだった。

寒さが増した翌2018年1月のある日、私はメヒリバンさんと面会するため、川口市から電車でJR品川駅に向かい、バスに乗り継ぎ東京入管に着いた。面会受付には、家族に面会するためか、さまざまな国の人たちが待っていた。しばらくして手続きが終わり、7階に向かった。そこで再び受付を済ませ、面会室のカギを受け取り、金属類をチェックする検査バーを通り抜けて指定された番号の部屋に向かった。中央にガラスの仕切り板がある2畳ほどの部屋で待つ間、他の部屋からタガログ語と思われる言葉や、少しなまりのある日本語の話し声が漏れてきた。

ほどなく職員に付き添われ、メヒリバンさんが面会室に現れた。薄緑のズボンにタンクトップ風のシャツ。手には差し入れたばかりの私が書いたクルドについての新聞記事の切り抜きコピー、ボールペンと便箋を持っていた。メヒリバンさんは少し戸惑った表情を見せながら、にこやかに「こんにちは」と挨拶した。面会時間は30分。時間を惜しむかのように、メヒリバンさんはすぐに自分のことを話し始めた。

「1歳の頃パパが、2歳か3歳の頃ママが日本に行って、子どもがいなかったママの妹（夫婦）に預けられた。記憶はほとんどないが、子ども心にもママはどこかに行くんだと思った。別れの時は二人で泣いた。

私が日本に来たのは6歳の時。ママの妹は自分の子どものように面倒を見てくれたから、今度は育ての母との別れで心が痛かった。『遊びに行くんだよ』と言われ、育ての父と私、妹で飛行機に乗った。『これが本当のパパとママだよ。会いに行こうね』と写真を見せられ、妹と泣いた。

成田空港に着いたら、そこに両親がいた。ママは泣いていた。その姿を見て別れた時のことを思い出した。青いドアをうっすら覚えていて、ママに聞いたら『それは一緒に住んでいたおうちだよ』と教えてくれた。家に行くとぬいぐるみをたくさん買っておいてくれていた。ママは妊娠していてお腹が大きかった。『弟ができたよ』と言った。

小学校は2年生から（川口市立）芝小に入った。日本語がぜんぜんできなかったので、最初は入れてくれなかった。学校に行きたかったし、友だちも作りたいと、半年ほど家で必死に日本語を勉強した。先生たちはやさしかった。イチカワ先生。『外人』といじめられていたけど、先生がいつも守ってくれていたから、辛かった記憶はない。楽しかった小学校時代。ただ、夜になると育ててくれたトルコの家族に会いたいと思っていた。

（川口市立）芝東中を卒業して、（埼玉県立）川口工業高校全日制に進んだ。受験は頑張った。難民申請中で仮放免だったから『ビザがないなら高校も出られないし、仕事にも就けない。大学にも行けない』と入管に言われた。『勉強しても意味ないじゃん』、途中で人生が終わってしまったみたいだった。これでは何もできないと高校2年で中退した。でも、運転免許が取れた時は幸せだった。

やがて病気になった。パニック障害。口が曲がったりした。

妹の紹介で知り合ったクルドの人と、２０１７年6月3日に結婚した。夫は日本に来てまだ1年半。妹の夫の働く会社で働いていた。結婚して薬を飲むのをやめた。お母さんになりたかったから。

突然理由もなく入管に収容された。泣きながら入管に来た。夫も泣いた。理由を聞きたかったけど、入管は何も言わない。夫の給料があるから私は働かない。悪いこともしていない。外人だからいてほしくないのだ。私は日本で育った。友だちも日本人。6歳で日本に来たから、トルコとクルドの紛争もわからないし、見てもいない。テレビで知っているだけ。『身の危険がないなら帰れ』と入管は言うが、どこに行けばいいの？　どうすればいいのかと聞いても答えない。本当に苦しいです。

ここでの生活は大変。朝7時ごろ食事。9時に点呼。『はいと返事しろ』と大きな声を出す職員もいる。食事は一週間メニューが変わらない。同じ食事で飽きてしまう。入管の外の病院に連れて行かれた時、手錠をかけられた。刑務所みたい」。

職員が部屋のドアに現れ、30分の面会時間の終わりを告げた。私はメヒリバンさんに手紙を書いてくれるようお願いし、面会室を後にした。

2週間後、再び施設の面会室で話を聞いた。メヒリバンさんを待つ間、他の部屋から女性の泣き声が聞こえ、同時に「元気」という別の女性の声が漏れてきた。赤ちゃんの泣き声に混じり「いないいないばあ」の声。誰かが「ごめんね」と言っている。

白いマスクをして、白いジャージの上下にジャンパーを羽織ったメヒリバンさんが面会室に入ってきた。いきなり「血を吐いた」と言った。

「(血を吐いたら入管職員が) 写真を撮っていた。血は大量ではない。血を吐いた後、食べたものも吐いた。血が混じっていた。鼻血も出た。この時は38度くらいの熱があった。いつも同じ食事で食欲がなく、食べられないから栄養不足もある。(入管内の) 医者は顔を見ただけ。『自分は入管の立場だから国に帰ってほしい』『帰れ』と言った。本当に医者なのか。『ちゃんと病院に連れて行って』『救急車呼んで』と頼んでも入管は聞いてくれなかった。

同室のみんなが『面倒を見るから』と言っていたのに、一人部屋に入れられた。みんなと一緒の部屋で死ぬのは迷惑みたいな感じ。朝まで神様に祈った。これが最後なら家族の顔が見たいなと思った」。

同じ部屋には4人いて、メヒリバンさんの他はフィリピン人2人とタイ人1人。

「2018年の年が明けた時、部屋にはテレビがあったので、3、2、1とカウントダウンした。みんな、家族が恋しくて泣いた。(収容される) 直前までだんなと (年末年始は) どこかに遊びに行こうと話していたのに、こんな日が来るとは。入管でカウントダウンとは……」。

今の夢は「夫と手をつないで歩くこと」とメヒリバンさんは言う。

「(面会室では) ガラス越しにハイタッチしかできない。子どもが欲しかった。借金もあった。(夫の面会は) 以前は週3回、今は週1回。母も週1回。父は今も『勝手に結婚した』と怒っているけど」。

悪いことはしていない。ちゃんと生活しているのだからここまでしなくてもいいでしょ?とメヒリバンさんは繰り返した。

3回目の面会に行った時、入管1階の受付で、メヒリバンさんとの面会を仲介してくれた織田朝日さんと偶然、顔を合わせた。織田さんは毎週、さまざまな国籍の収容者との面会活動を続けている。織田さんは話した。

「(メヒリバンさんが) 職員から『面会させない。(入管から) 出られると思うなよ』などと嫌がらせを受けている。法務省に通報したら、その職員からは翌日『そんなつもりはなかった』と詫びる発言があった」。

メヒリバンさんの早期解放を求め、入管に抗議のファクスを送る運動がネット上に広がった。それを入管が業務に支障があるからやめさせるようメヒリバンさんに要請した。

『外の応援をやめさせろ』と言われた。家族との時間を奪うのは命を奪うこと。『なぜ? 応援してくれるのだから、私にとってはありがとうだ。やめさせる考えはない』とはっきり返した」。

メヒリバンさんは収容に抗議するため、納得できないことは職員にきっぱり発言するなど、目立つ存在でもあったようだ。

「中学時代の自分は強かったのでいじめられなかった。『外人』などと言われたが気にしなかった。1年生の時には言葉でのいじめはあったが、3年生の時にはなくなっていた。マラソン大会では全校で2番、女の子では1番になった。トルコと違い、(日本では)先生が叩いたりしない。やさしく教えてくれた。絵を描くのが好きで図工の授業では先生からいろいろ学んだ。でも、授業をさぼって公園で遊んだりしたこともあった。

小学校では栃木県の日光へ修学旅行に行ったが、中学では行けなかった。父が仮放免で働けずお金がなかったので、辛かったけどしょうがないなと理解した。父のことは責めなかった。小学校でもランドセルを買えず、たった一人、布のリュックで学校に通った。ランドセルが欲しくていつも泣いていたが、5年生のある日、父が貯めたお金を持って「さあ、ランドセルを買いに行こう」と店に連れていってくれた。卒業して(ランドセルは)妹にあげた。他にも靴入れや(学校指定の)青いバッグ、足りないものがたくさんあった。ジャージも買えず、学校から貸してもらっていた。

仲良しグループの3人と電車で原宿に行ったのは楽しい思い出。母から電車賃1000

円をもらった。1週間のお小遣い500円から少しずつ貯めた3000円を持って出かけ、マックで食事をし、かわいい鉛筆とノートを買った。

高校では機械科に入った。卒業後は大学に行きたかった。(言葉で)困っているクルド人がたくさんいたので、トルコ語、クルド語、日本語が話せるのを生かし、通訳になりたかった。呼び出されて成田空港でクルド人の通訳をしたことがある」。

メヒリバンさんは父親の話もしてくれた。メヒリバンさんがなぜ自分たちをトルコに置いていったのかと尋ねた時、父親は「置いていかなければ死んでいた。置いていくしかなかった」と言ったそうだ。

「(父は)友だちが軍隊に入って(そこから)逃げようとしたので、(一緒に)車で逃げたら、銃を持った人たちが追ってきて、逃げ込んだ村の人に助けられたと言っていた。(父がいなくなって)母は死んだと思っていた。祖母に父から『日本にいる』と電話があり、生きているとわかった。私は最初、(この話が)信じられなかった。お金のため?とも思った。でも、クルドのことを知るようになり、やはり本当だと思うようになった」。

3回目の面会からしばらくして、メヒリバンさんから手紙が届いた。一生懸命に書いたと思わせる几帳面な字で、必死で訴える光景が浮かんだ。

東京入国管理局

こんばんは　ちょっと　いろいろ　ぐわいが　わるくて　おそくなりました。すみません、こないだ血をはいちゃって血をはいたから、わたしを一人ベアに　とじこめて　そのまま　むしされました。ふつうは、びぃよいんにつれていくべきだったのに　一人ベアで　しねみたいなかんじでした。中のびよいの先生は、ぐあいをみるんじゃなくて　国にかえれっていってるだけです、血をはいたのにびょいんにつれっててくれません、いまは一人ベアにとじこめられています。
ぐあいは　わるいです。おねがいします。たすけてください。中のびょいんは、なにもしてくれません。やっぱりＮｕｋａｎの人なので　そとのびょいんに　行きたいのに　つれってくれません　せいしんてきにも　わるくなってきてます。
つみは　なんですかときくと　がいじんだからとか　いわれて　でも　日本そだちですっていってるのにだれも　わたしのきもちがわかっていません。おねがいします。だれかわたしのきもちをわかってください　なにもわるいこと　日本でしてません　ただ　ふつうにいきていました。
わたしには　あいしてる　だんなが　まっています。かれの事がだいすきです　でも　Ｎｕｋａｎが　わたしたちを　はなしました　こないだ　だんなのたんじょうびだったんです。ガラスのうしろでないて　ガラスをキスしてます。はずかしい　おはなしですけど　ほんとに一かいでいいのでかれの手をつなぎたいです。一かいでいいので　だきしめたいです。なにも　わるい事してないのに　なんで　なんで　いま　わたしがこんな　ところに　いるんですか？　日本そだちですよ
わたしは　どこに　いけばいいんですか？　トルコには　いけないし　かぞくみんなここに　います。かぞくはクルド人でかえれない　わたしは、日本そだちで、なにがなんだか　わかってないです、ただ　トルコにはかえれないって事しかわかりません。Ｎｕｋａｎに　きいています　もしも　わたしが　あなたたちの国で　わるいことしてるならば　わたしはトルコにそれでもかえります。Ｎｕｋａｎのへんじは　いいえ　わたしたちの国ではわるい事していませんよ　あなたの　つみは　がいじんだからと。わたしのつみは、がいじんだと　まあ　にんげんだからここに　とじこめられているんですって（原文ママ）

実名でメディアに証言することは時としてリスクを伴う。クルド人の取材を始めた2008年ごろは仮放免を理由に実名を明かさない人が少なくなかった。仮放免の取り消しやトルコへの強制送還を恐れるからだ。

日本にいるクルド人は、1990年代に日本に来た第一世代と2000年以降に来日した第二世代、さらに親に連れられて来た日本育ちや日本生まれの第三世代に大きく分類できると思う。実名取材に応じた人の多くが第三世代に属していた。

メヒリバンさんも第三世代だ。第三世代は日本で育ち、日本の生活や文化に馴染んでいる。だが、「クルド人」の属性を背負っただけで、入管に収容される宿命をも背負う。彼らにとってこれほど理不尽なことはあるだろうか。私は、何十回と彼らの口から「自分は何も悪いことはしていない」という叫びにも似た言葉を聞いた。そのたびに収容は意味がなく、メディアに実名や顔を隠す必要もないという強い確信を持っていると思えた。

最初の面会から2カ月後の3月6日。4回目の面会日だ。収容が長引き、メヒリバンさんは元気がなかった。

「昨日は体調がひどかった。眠れない時もある。どうすればいいかわからない。辛い生活。幸せな日々を忘れてしまう。泣いても暴れても、血を吐いてもだめ。何をしてもだめ。辛さに慣れた。しょうがない。

（入管を）出てからやるべきことはやる。日本で育った子どもたちに収容という辛いことを味わってほしくない。（こういう境遇の）子どもたちがたくさんいることを知らせたい。クルドだけでなく、ブラジル、フィリピン……、日本で育った子どもたちには（日本での生活を）認めてほしい。日本語もしゃべれて、小中高も（日本で）学んだ。それが意味のないことなのか。一生懸命生きてきたことを見てほしい。世界中にアピールしたい。オーストラリアにいるおじにも知らせて『ニュースに出して』とお願いする。

桜を見られないのが苦しい。春は大好き。春が来たのに意味もなくここにいる。よくお弁当を持って桜を見に行った。家の近くの川にも桜がたくさんあった。中学を卒業する日、家に帰る途中、制服のまま桜が散るのを見た時、美しいと思った。

（今回も）仮放免はだめだった。『ビザ取れないよ』『トルコに帰りなさい』と言われた。思い出がたくさんあるから日本にいる。80％以上（私は）日本人。実家は川口。家は日本。トルコには帰れない。プレッシャーには負けない。何をしても帰らない。

病院へ行く時、手錠をかけられた。信じられないこと。病院へは3カ月で3回行った。薬を飲み続けているが、合わないと体を虫が歩く感じがする。ストレスで指を自分で傷つけていた。5回も薬を替えた。今も体がだるい。熱がある。夜、口が動かない感じがする。（同じ部屋の）みんなに『どうしたの』と聞かれた。

時間がぜんぜん流れない。まるで順番の進まない列でまだかなと（じっと待っているのと）同じ。面会がないから土曜日は好きじゃない。カードや占い遊びをしたり、廊下を歩いたりして気を紛らわせている。走ってはだめだからジョギングはできない」。

この日、メヒリバンさんは苦しい胸の内をさらしながら、自分と同じ日本育ち、日本生まれの子どもたちが、入管の施設に収容されて苦しむことがないよう、積極的に活動すると決意を口にした。現状の外国人管理制度への精一杯の抗議に思えた。

入管の施設に収容された多くのクルド人は「何も悪いことはしていない」と繰り返し、「なぜ収容されるのか」と嘆いた。いかなる名目があるにしろ、収容の目的は肉体的にも精神的にも消耗させ、日本にいることをあきらめさせ、自主的に帰国させることだ。

国連人権委員会が指摘するように、収容は「拷問」といえる。来日外国人観光客が3000万人、日本で暮らす外国人も270万人（2018年末時点）を超えた今、外国人労働力の受け入れ、移民政策の論議とともに、難民政策の根本的議論が迫られている。

最後の面会からおよそ1カ月後、織田さんから「メヒリバンさんが入管を出た」と聞かされた。織田さんは「『仮放免がＯＫになった』と言って電話口で泣いていた。『夢見ていると思った』とも言った」と話した。

それからさらに１カ月ほどして、私は織田さんと一緒に川口市内にあるメヒリバンさんのアパートを訪ねた。取材で愛用する軽自動車でナビを頼りにアパート前に来たが、同じアパートが何棟か並び部屋がわからなかった。織田さんが大きな声で「ベリワン（メヒリバンさんのクルド名）」と何度も呼んだ。しばらくすると、２階に上がる廊下通路にメヒリバンさんが顔を出した。面会で一度も見ることがなかった清々しい笑顔だった。

メヒリバンさんはクルドの食事を作って待っていた。部屋に入ると、畳の上にクルドの刺しゅうが施されたテーブルクロスが敷かれ、お皿にはご飯と香辛料をまぶしたチキン料理が盛られ、ヨーグルトなどのドリンク類が並んでいた。室内に新婚家庭を思わせる家具類はあまり見当たらなかったが、日本語はあまりわからないという夫も笑顔で出迎えてくれた。１時間ほど、みんなでお腹いっぱいの食事とおしゃべりを楽しんで、メヒリバンさんは終始笑顔だった。

メヒリバンさんが入管を出た直後、父親のトーマさんから織田さんに支援活動への感謝の電話があったという。メヒリバンさんが父親の同意を得ないで結婚したため、父娘の会話が途絶えていたが、父親が娘の解放を喜んでいたことを知り、メヒリバンさんは少しうれしそうな表情を見せた。
私には父親の名前「トーマ」に聞き覚えがあった。トーマと名乗る男性と私は、２０１０年のネブロスで名刺交換していた。名刺に漢字を充てた「当間」が印象的だったので、その話をしたところ、「それは父さん」と言って、メヒリバンさんの笑顔がこぼれた。

この日、メヒリバンさんは「(同じ境遇の）子どもたちには私のような辛い思いをさせたくない」と、収容中の面会で語っていた言葉を何度も口にした。日本で育った子どもたちが希望を持って高校や大学に進み、日本で働き、安心して生活できることがメヒリバンさんの強い願いだ。ビザがなく、ビザを手にする保証もないメヒリバンさんにとって、将来が見通せない生活は不安でいっぱいに違いない。だが、この日見せたメヒリバンさんの笑顔と子どもたちへの思いは、未来をあきらめない強い決意を伝えていた。

第3章　困難に耐えながら

困難な難民認定

私がそのクルド人男性に初めて会ったのは、ある年のネブロスの会場だった。祭の踊りを見ながら、「クルドを知る会」代表の松澤秀延さんと立ち話中にその彼の話題が出た。興味を持った私は取材を申し込み、しばらくして、ＪＲ蕨駅近くの喫茶店で話を聞くことができた。彼から聞いたのは、平凡な生活を望む一人のクルド人の身に起きた理不尽な物語だった。

２００５年3月のある早朝、成田空港を飛び立った飛行機がトルコの大都市イスタンブールのアタチュルク国際空港に到着した。一人の若いクルド人男性が機内を出た直後、2人の警察官が駆け寄り空港内にある警察署に連行された。

その男性は、日本で難民申請したものの認められず、仮放免も却下となり強制送還されたところだったのだが、取り調べで男性のバッグから数十枚の写真が出てきた。蕨市の公園で開かれたネブロスや当時住んでいたアパートの部屋で友人と写した写真だった。何枚かの写真に、トルコ政府がテロ組織と認定するPKKの旗が写っていた。直ちにテロ対策本部に移送され、政治犯として起訴された。通常の刑事事件なら、警察官に賄賂を渡して解決する可能性はあるが、PKKが絡んだ途端、それはまったく違う意味を持つ。いっさいの抗弁が許されない。男性はその意味を十分に承知していた。

裁判で検事から「PKKを援助したのか」と問われ、男性はきっぱり否定した。だが、PKKの旗が写った写真を所持していた以上、有罪判決の可能性は高かった。

2回の公判中は保釈されており、男性は刑務所への収監を恐れて国外への脱出を決意する。判決が出る直前の2005年11月、ブローカーに50億リラを支払い、偽造パスポートを入手し再び日本の土を踏んだ。偽造パスポートを使ったのは、強制送還された場合、5年間は日本に再入国できないためだ。当時のトルコリラは100万分1に切り下げるデノミの直前だったとはいえ、この50億リラはトルコの金銭感覚では数百万円に匹敵する大金だった。父がすべて工面してくれた。

男性は2002年12月、兄と日本人女性の結婚式に出席するため初来日した。18歳だった。当初は母と一緒に帰国する予定だったが、考えた末、日本に残る決意をした。帰国すれば、軍への入隊が待っていたからだ。それは「同じクルド人のＰＫＫに銃を向けること」を意味していた。

多くのクルド人から、ＰＫＫはトルコ軍の迫害に抵抗しクルドの権利を守る集団と見なされている。一方で、すべてのクルド人が無条件にＰＫＫの武装闘争を認めているわけではない。「クルドの国を作るというＰＫＫの考えは賛成だが、武装闘争は支持していない。軍隊からクルド人を守るため、ＰＫＫは武装闘争に訴える権利は留保しているが、双方の話し合いでの解決が大切」と彼は強調した。

男性は再来日した直後、事情を説明した陳述書や偽造パスポートを東京入管に提出し、難民申請した。これまで合計５回の難民申請を繰り返しているが、すべて不認定になっている。

不認定の理由は、男性がＰＫＫ支援者と断定されたことが根拠になっている。「ＰＫＫの武装闘争は支持しない」と主張し、具体的な接触がいっさいない男性にとっては不本意なものだ。「入管は『あなたはＰＫＫと判断しているから、申請却下だ』と言う。あり得ないことだ」と男性は憤慨した。

男性がトルコで逮捕され、裁判が始まる直前に日本の支援者が、男性の弁護士と連絡を取った際の電話記録が残されている。所持していた写真について「警察が関心を持っているか」と問うと、弁護士は言った。

「持っています。なぜならば、トルコ警察はこれを非合法と見ているからです。ここでは犯罪なのですよ。そこ（ネブロスやクルド支援団体）には出入りしないよう言われています。写真では彼らは組織を象徴するTシャツを着ていました。組織のリーダーの写真と一緒に写真撮影しています。だから彼は逮捕されたのです」。

クルド民族の解放を祝うネブロスでPKKの旗を掲げることは、トルコ国内ではあり得ない行為だ。だが、日本に逃れたクルド人にとって「平和で自由な国」日本では、開放的な高揚感をもって、トルコだけでなく、シリアやイラクのクルド組織を象徴する旗が掲げられている。同じ民族への連帯感がその基底にある。治安状況が異なる日本とトルコでの行為を同列に比較することは、そもそも困難だ。日本で許された行為がトルコで犯罪とされること自体、男性にとっては難民性を示す出来事に違いない。

日本にとってトルコは中東地域における友好国で、クルド人を難民と認めることはトルコ政府による政治的迫害を認めることを意味している。このことが日本でクルド人が難民として認められない政治的な背景とされる。多くのクルド人は難民申請を繰り返しながら在留特別許可の取得を目指したり、就労が禁止されている仮放免での滞在をやむなく選択しているのが現状だ。男性も「難民認定されないことはわかっている。せめて在留特別許可がほしい」とつぶやいた。

私は、何度か同じ喫茶店で男性と会って話を聞いた。男性が息子と一緒に現れ世間話をしたこともあった。ある時、男性が言った。

「自分にはクルド人の国を作る考えはなかった。ただ、トルコ人もクルド人もアルメニア人も、その他の民族もみんなが仲良く（できればいい）。どんな宗教を信じるかは自由だ。ただ宗教が絡むとすごく危ない。宗教対立は怖い。自分のパスポートにはイスラムと書かれているが、（本来クルディスタンには）土着宗教やゾロアスター教もあった。その前は太陽が信仰の対象だった」。

難民認定には、政治性が絡む。ごく普通の生活を望む男性にとって、政治や宗教対立の渦の中で翻弄される現実に疲れた表情を見せた。

男性は川口市周辺に滞在する多くのクルド人同様、シリア国境に近いガジアンテップ近郊の村の出身。車で50分ほどの距離という。5年で小学校を終え、中学には進まなかった。同級生約60人中、進学したのは5、6人だったが、その全員が今、日本にいるという。

男性は「全員が難民に当たらないかも知れない。お金のために難民申請する人もいるだろう」と言った。トルコ国内でどんな環境で育ち、どんな政治的背景を背負っているかはクルド人それぞれだ。経済的な理由で来日するクルド人がいるという指摘は、10年ほど前に取材を始めてすぐに、別のクルド人からも聞いたことがあった。

また何度目かの取材で、男性は喫茶店の窓から路上を見下ろし、複雑な表情をしながら何かつぶやいたことがあった。その視線の先には数人のクルド人男性がずっと立ち話している姿が見えた。JR蕨駅近くにあるコンビニエンスストア周辺でよく見かけられる光景だ。つぶやきははっきりとは聞こえなかったが、そのニュアンスから、同じクルド人への非難めいたものに受け取れた。

行政機関などにも、彼らの路上での立ち話が通行の邪魔だと住民から苦情が寄せられたと聞いたことがあった。一種の文化摩擦ともいえるが、男性はこうした摩擦も敏感に感じ取っているように思えた。路上の男性たちは、世間話や仕事の情報交換などをしているだけだ。こうして集まる男性たちは来日間もないクルド人が多い。来日15年以上になり、ある程度の生活基盤を持つ男性にとって、集団で路上にたたずむことはクルド人への誤解を生む行為に思えてしまうのだ。

男性は男3人、女3人のきょうだい6人。両親は羊を100〜150頭飼い、野菜や小麦も作っていた。子羊を育て、ラマダンの際に30〜50頭ほど売り、現金収入を得ていた。ミルクやチーズも町に売りに行った。

男性が日本から強制送還された後、家族の生活が一変する。軍が自宅に来て危険を感じた家族は日本へ行くことを決意する。最初に母と弟らが日本へ行き、男性が偽造パスポートで再来日した後、残りのきょうだいが続いた。最後に父が来日し、今は家族全員が日本で暮らす。

男性は2009年、親族の女性をトルコから呼び寄せて結婚した。その際、男性の兄が日本人の妻とともに彼女をトルコまで迎えに行ったが、空港に到着直後、兄は警察に拘束されてしまった。1カ月後に解放され、兄夫婦はなんとか日本に戻ってきたという。男性は今は8歳から3歳までの3人の子の父親だ。

仮放免では就労が禁止されているため、生活は不安定だ。男性は「将来が見えないのが辛い」と不安な表情を見せた後、続けた。

「10年もして、日本で生まれ育った子どもたちが大学に進みたいと願っても、ビザがないままだとしたらどうしたらいいのか。どうか子どもたちに活躍できる場を与えてほしい。２年前、入管に収容された時、自宅のマンションの前で２カ月間ずっと私の帰りを待ちながら、子どもたちが車の掃除をしていた。マンションの他の住民たちも、その光景を見て泣いたと聞いた」。

男性はいつまでも胸の内を語り続けた。

「ヨーロッパにいたらビザがもらえたはずだ。一度トルコに戻らないとヨーロッパには行けないけど、トルコには帰れない。仮放免では働けないというけど、じゃあ、国で家族の面倒を見てくれるのか。日本にいる外国人で、変なことをしないのはクルド人だけ。強制送還（治安問題）を扱う入管が、難民（人権問題）を取り扱うのはおかしいよ」。

取材を進める中で、政府が２０１９年春に導入を目指す新しい在留資格を盛り込んだ出入国管理法などの改正案に多くのクルド人が関心を持っていることがわかった。

改正案では一定の技能が必要な業務に就く「特定技能1号」と、熟練技能が必要な業務に就く「特定技能2号」の在留資格を新設し、「2号」では在留期限が5年で、更新も家族の呼び寄せもできるという。外国人労働者の受け入れを単純労働まで広げる試みで、人手不足に悩む産業界の強い要望が背景にある。受け入れが検討されている業種は外食、農業、建設、介護、漁業、自動車整備など多岐にわたる。

新たな在留資格は海外から新たに来日する外国人だけでなく、すでに国内に居住する外国人にも、技能や日本語力を検定して就労を認める制度となっている。この機会に合法化をという声もあったが、難民の申請者や仮放免の外国人は検定が受けられないことになり、この制度から締め出されてしまった。

日本にいるクルド人の多くは建設関連、とくに建物などの解体作業に従事している。改正案が直接、クルド人の現状を改善しないとわかると、彼らは「新しい在留資格を設けなくても、我々が（労働力として日本に）いるじゃないか」と異口同音に口にした。

法務省が行った調査で、外国人技能実習生が実習先から半年で４０００人近く失踪していることがわかった。出入国管理法違反で摘発された実習生の　７割近くの失踪理由が「低賃金」だった。実習先での月給が月10万円以下だったケースも少なくない。技能実習を掲げながら、実際には低賃金労働の温床になっている実態がある。

実習制度の実態把握と問題解決のための対策を打ち出さないまま、新たな在留資格を設ける政策には批判がつきまとう。収容の不安にさらされるクルド人にとって、新たな在留資格の議論は歯がゆいものに映っているようだった。

ある父の悲劇

少し枯れかかった小菊の花束が、ベンチの背後にある高さ3メートルほどの木の幹と枝の間に手向けられていた。2018年1月中旬のある晴れた日の午後のことだ。
川口市で最大規模のショッピングモールから、徒歩で数分の距離にある公園。案内してくれたのは2年ほど前、この公園で首を吊って自殺したムスタファ・バリバイさんの妻バシュットさんだった。バシュットさんは牛久の東日本入国管理センターで取材したベラットさんの母親でもある。花束は数週間前、ムスタファさんの命日に彼女が置いたものだった。バシュットさんは夫を思い起こすかのように、しばらくその場に立ち尽くした。

この日、医師の山村淳平さんが、クルド人を対象に続けている聞き取り調査のためムスタファさんの家族が住むアパートを訪ねた。松澤さんが案内役を務め、私も同行取材をすることになった。難民問題に関心を持つ通信社の記者も一緒だった。アパートにはバシュットさんのほか、長男ワッカスさんと次男マズイムさんの他数名が集まっていた。聞き取りには主にワッカスさんとマズイムさんが答えた。

聞き取りが始まる前、2歳になるバシュットさんの孫が激しく咳き込んだのを見て、山村医師が診察を始めた。聴診器を胸に当てたが、子どもは緊張したのか体をこわばらせたままで、うまく呼吸音が聞きとれなかったようだった。山村さんは「百日咳の可能性もある」と言いながら、病院で診察するよう紹介状を書いた。

ワッカスさんが父親の話を始めた。

「父が日本に来たのは2007年12月。シリア国境に近いトルコのガジアンテップ近郊の村に住んでいた。左官職人だった。家族は畑でトマトやキュウリなどの野菜を育て、町に売りに行っていた。ヤギも飼っていた。子どもは男5人と女3人の大家族だった」。

話は突然、その家族を襲った悲劇的な事件に移った。

「事件は1978年に起きた。深夜、目出し帽を被った男数人が父の家に突然侵入して発砲、祖父と伯父（父の兄）が撃たれて死んだ。家族は当時、就寝中だった。父とまだ子どもだった叔母たちは窓から逃げ出し無事だった。惨劇を目撃した伯父の妻は自分たちの子どもの首を絞めた後、伯父の後を追うように首を吊って自殺した。妊娠中だった。その時、父はすでに母（バシュットさん）と結婚していたが、たまたま母は実家に里帰りしていて難を逃れた。父たちはしばらくして家に戻り惨劇の跡を見た。父は大きな精神的ショックを受けた。

事件は当時、新聞でも報道された。トルコ政府は『やっていない』と否定したが、家族は秘密警察の仕業だと疑っている。ＰＫＫを創設したオジャランがゲリラ闘争を始めた頃で、村人が突然何者かに襲われて殺される事件は他にもあった」。

ワッカスさんは、ムスタファさんが軍に拘束され拷問を受けた話を続けた。

「事件から20年後、昼間、家族で紅茶を飲んでいたら、軍の治安部隊が家に来て家宅捜索を始め、布団や家財道具を庭に投げ捨てた。父はＰＫＫとは無関係だったが、連行されて2カ月間拘束された。その間、殴る蹴るはもちろん電気ショックの拷問も受けた。母も捕まったが、2日後に釈放された。ほかに同じ村で男5、6人が捕まった。父は家に戻ってから、手が震え感情がコントロールできなくなり、周囲に怒りをぶつけるようになった。町の精神科の病院に通ったが、左官の仕事もできなくなり、毎日家にいるようになった」。

家族で最初に日本に来たのはワッカスさんだった。２００4年のことだ。

「トルコではずっといやがらせを受けてきたが、同じ村のクルド人が日本にいたので彼らを頼ってやってきた。２００７年に両親と弟２人、妹1人の５人を呼び寄せたが、入管によって成田空港近くのホテルに2週間も留め置かれた。その時、家族が襲われて亡くなった事件を報じた新聞記事などを提出し、難民であることを主張した。しかし、難民として認められなかったばかりか、入管に提出した大事な資料は今も返却されていない」。

さまざまな出来事が重なり、ムスタファさんの精神は次第にむしばまれていった。

「父は来日後、何もしないで過ごすようになった。まるで違う人間になったようだった。父の希望で一度トルコに帰り1年間滞在した。日本に再入国した直後に牛久の入管に4〜5カ月収容された。収容後、父親の精神状態はもっとひどくなっていた。施設内で暴れたら独居房に入れられる。自分の洋服で首を絞める自殺未遂も起こした。仮放免になってからも、近くの公園で3回ほど自殺未遂を起こしている。自殺したのと同じ木にロープを持って行った。周辺に住むクルド人がよく集まる公園だから、近くにいた仲間が止めた」。

だが、その日は公園に誰もいなかった。２０１５年12月27日の昼ごろだった。

いつも座っていた公園のベンチの後ろにある木にロープを下げ、ベンチの背もたれに乗ってロープに首をかけた。公園にいた日本人が、その光景を見て警察を呼んだ。駆けつけた警察官は首を吊っている現場の写真を撮ってから遺体を木から下ろした。自殺の前日、ムスタファさんがベンチに座って一人で泣いているのを仲間のクルド人が見ている。

死の直前、家族に「薬が効かない。頭が痛い。夜眠れない」と訴えていた。

マズイムさんが「いとこから父が死んだと電話があったが、最初はウソだと思った。すぐに会社から自転車で戻った」と口を挟んだ。

ワッカスさんが言った。

「父の最後の言葉は『またトルコに帰りたい』だった。まだ寒い時期だったので、5月ごろを念頭に『天気がよくなったら帰っていいよ』と父に言った。あの時帰していればこんなことにならなかったのにと悔いが残る」。

ムスタファさんの遺体は姉が残るトルコに送られ、故郷の地に埋葬された。享年57。

ワッカスさんらは続けて、叔父の悲劇的な死について語り始めた。

「叔父が日本に来たのは2006年。すごくやさしい、いい人だった。ある日、夜中にビールを飲んで酔っ払い、車を叩いたことから警察に捕まった。警察から入管に通報があり、施設に収容された。しかし、しばらくして入管から『様子がおかしいから、迎えに来てほしい』と連絡があり、家に連れ帰った。ところが帰宅後に暴れたり、ロープで自分の足を縛るなどの行動をした。ロープで縛るのは入管でされたことかと家族は疑った。とても力が強く、暴れると周囲は止められなかった」。

家族は妻と子どもが2人。お酒は日本で初めて飲んだ。だんだん酒ばかり飲むようになった。2011年3月のある日、突然暴れだし「頭から袋をかぶせられた」と叫んだ。ワッカスさんは「自分も入管の施設で袋に入れられたことがある」と言った。

2011年5月17日。なんの前ぶれもなく、突然悲劇が起きた。

「叔父はその日、仕事を終え知人と一緒にJR西川口駅近くのコンビニでビールを買い、何本か飲んだ。その後、突然知人を突き飛ばし、線路脇のフェンスを乗り越えJR蕨駅方向に進んでいた電車に向かって走り始めた。電車は急ブレーキをかけたが、叔父は轢かれ、体がばらばらになった」。

親族や知人が金を出し合い、トルコへの遺体の搬送費約100万円を工面した。叔父も今、故郷で眠っている。享年32。

家族への聞き取りは山村さんが質問する形で進められた。私も質問を加えたが、家族は身に降りかかった恐ろしい事実を淡々と語っていた。クルド民族ゆえその身に起こった悲劇を、彼らはどう背負ってきたのだろうか。

父の名を呼ぶ娘

日本にいるクルド人の取材を始めて半年ほど経ったある日の夜、川口通信部の事務室でパソコンに向かい原稿を書いていたところ、携帯電話が鳴った。「牛久入管収容所問題を考える会」代表の田中喜美子さんからだった。電話の趣旨は「あるクルド人が入管に収容され、障害がある娘の面倒を妻が見ているが、手に負えないで困っている」というものだ。他の取材を終えた数週間後、そのオズチャルギルさんの娘と妻が住む川口市内のアパートで話を聞くことになった。

アパートは通信部から車で数分の距離だった。近くの駐車場に車を止め、私はアパートの2階に通じる階段を上がった。市内北西部にある静かな住宅街の一角。その日は梅雨の晴れ間の暑い日だった。エアコンがないためだろうか、玄関のドアは開け放たれたままだった。声をかけるとオズチャルギルさんの長男が出てきて、部屋に通された。彼は今は結婚して東京都新宿区に住んでいるという。アパートは3畳ほどの台所と4畳半、6畳間の2DK。台所に少し不釣り合いなほど大きな冷蔵庫が目に入った。部屋には家具はあまりなく、テレビとベッドが置いてあった。南向きの窓側の部屋に入ると、娘が壁に背を向け無表情なままじっと私を見つめた。

長男は入管とのやりとりなどを記録した資料をカバンから取り出し、説明を始めた。

オズチャルギルさんが来日したのは2009年。すぐに難民申請をして特定活動ビザ（在留資格の一つで、法務大臣が指定した活動を行うことで日本滞在が認められる）を半年ごとに更新しながら家族を支えてきたという。ところが2017年末、ビザの更新が打ち切られ仮放免状態となった。さらに、2018年4月には難民申請が不認定になり、その1カ月後に東京入管に収容されてしまった。

家族にとって、父親の収容は大きな出来事だった。働いて家族の生活を支えていただけでなく、障害を持った25歳の娘の面倒も見ていて、父親の存在は大きかった。

「一人で風呂に入れないし、トイレにもいけない。食事もできない。父親がいる時は少し静かだったが、今は手に負えない。親族が来ても部屋に入らせず、追い返してしまうし、母が食事の準備をしようとしても邪魔をして食事を作らせない。1カ月前から水を大量に飲み続ける行動が始まった。2リットル入りのボトルの水を一気に飲み、その10分後に同じ行動を繰り返す。トイレの前で立ち止まったまま漏らしてしまったり、母はとても耐えられない状態だ。

　この間、コンビニで買い物をするのに連れて行ったら、他の客の買い物袋を奪おうとして大騒ぎになった。パトカーで警官が駆けつけたが、説明して納得してもらった。おむつをさせても自分で取ってしまうし、突然『あそこに血がある』などと言ったりする。家族はどこにも行けないし、部屋に誰も訪ねてこなくなった」。

　私は部屋の壁を背にして座り、長男の話に耳を傾けた。彼はまくしたてるように話を続けた。

「父がいる時は本当に静かにしていたのに……。父が大好きだから、いれば安心だったに違いない。自分も心配でよく様子を見に来ている。この間は夜の10時ごろ母から電話があった。『(妹が) 部屋から外に出て、ババ (トルコ語で「お父さん」の意) の所に行きたいと言っている。明日行こうと言っても聞かない』。自分は新宿からここに駆けつけた。コンビニに連れて行き、ジュースを買って、気をそらそうとするのに大変だった。外で暴れて誰かにけがをさせないかと心配している」。

私の向かいの壁を背に座った娘は身じろぎもせず、見知らぬ訪問者を見つめている。長男が妹の病気について語った。

「妹が3〜4歳の頃、家に軍隊が来て家族全員が屋根に避難した。その時、妹が屋根から落ちて、その時の脳のままで成長が止まった。子どもと同じ。赤ちゃんのしゃべりで止まっている。妹の言っていることを母はわかるが、他の家族はよくわからない」。

長男がたった一人で初めて日本に来たのは2003年6月。16歳だった。難民申請のことも知らず、オーバーステイとなり、10カ月後にトルコに強制送還された。だが、他の多くのクルドの若者同様、軍隊への入隊を避けるため、2005年6月に偽造パスポートで再来日した。

長男の出国後、実家に軍や警察がひんぱんに訪れ、身の危険を感じたオズチャルギルさんが2009年に来日した。「妻や子どもには危害を加えないだろう」と判断したためだった。しかし、その後家族にも危険が迫ってきて、2012年、母親と妹、弟の3人も日本にやってきた。

私は、日本での厳しい生活を察し、母親に「故郷に帰りたいですか」と尋ねた。母親からは意外な答えが返ってきた。「平和な日本にいたい。（トルコでは障害者への）差別がある。周りからいろいろ言われた」。私は確認するように同じ質問を繰り返したが、母親の答えは同じだった。

インタビューを終えた私は長男に、新聞記事として載せる際は写真を記事につける必要があることを説明し、妹と母親の後ろ姿を撮影することは可能かと相談した。ところが彼は2人を正面から撮ってかまわないと告げ、何言か母親と言葉を交わすと、母親は壁際にいた娘の隣に座り撮影を促した。私は何枚かシャッターを押し、さらに隣の部屋のベッドに移動して腰かけた娘とそばに座った母娘にカメラを向けた。今回の取材は家族のプライベートに関わる部分もあり、私は撮影を躊躇したのだが、家族がこの時、強い決意で新聞社のインタビューに応じ、現状を訴えようとしていることを思い知らされた。

私が帰り際に妹に「バイバイ」と言いながら手を振ると、妹は幼子のような愛くるしい笑顔を見せた。それまでは見知らぬ訪問者への警戒心からか、険しかった娘の表情が笑顔に変わり、私は少し戸惑った。

家族を取材後、私は東京入管でオズチャルギルさんに面会した。

「娘が面会に来た時は『元気だよ』と言った。ずっと（互いに）見ていた。ガラス越しに『ババ、こっち来て』と言った。『後で来るだよ』と（答えた）。ただ見るだけ。話しただだけ。悲しかった」。

家では娘が「ババ、どこ？」と言うと母親は「仕事だよ」と答えているそうだ。

「（日本に来たのは）トルコに問題があった。PKKのこと。（トルコで）25年間、タイル職人だった。（収容は）初めて。ご飯欲しくない。弁当のあちこちを少しずつ（つまむだけ）。ラーメンやトマトを買って食べる。

娘が心配で眠れない。本当に大変。ババ泣いている。悪いことしてない。6カ月ビザあった。なぜ捕まるの。妻と娘は病気だよ。クルド人だから国に帰れない。53歳で、なんで捕まるの。なぜ？　ドロボーじゃない。なぜ？　説明して……」。

オズチャルギルさんは40歳を過ぎての来日で、日本語を覚えるのは大変だったことが察せられた。ここで書いたことは面会時間の30分間を目いっぱい使い、不慣れな日本語で懸命に彼が訴えた言葉のすべてだ。他の多くのクルド人同様、彼も「どうして捕まるの?」と、私に疑問を投げかけた。私は答えに窮した。メモを取りながら黙っているしかなかった。私たちはこの疑問に答える義務があると思う。

「ババ、行きたい」。大好きな父親が突然いなくなり、不安になった25歳の娘は、母親に何度も訴えたという。

オズチャルギルさんの収容後、妻と娘は何度か入管の面会室を訪れた。ガラスで仕切られたその部屋で、娘は何度も「ババ、来て」と声を上げた。オズチャルギルさんは涙を流し続けた。川口の家に帰ると、娘は突然泣き出した。母親が「どうしたの」と聞くと、「ババが泣いていた」とつぶやいた。

アレウィー教徒

「民族でだけでなく、宗教的にも差別されているクルド人のアレウィー教徒がいる」。『あるデルスィムの物語』（さわらび舎刊）が２０１７年末、日本語で翻訳出版された直後、情報が寄せられた。この本は１９３７〜１９３８年にかけて起きたトルコ軍による「虐殺」を題材にした短編集だ。この弾圧でクルド人が多く住むトルコ中東部の都市デルスィムは地図上から消え、今はトゥンジェリにその名を変えている。

トルコのイスラム教徒のクルド人は約75％がスンニ派、15％がシーア派、残り10％に少数派のアレウィー派が含まれる。クルド人だけでなく、トルコ人にもアレウィー派はいる。クルド語の方言の一つともいわれるザザ語を話すデルスィムのクルド人にはアレウィー派が多い。

アレウィー派は第４代正統カリフのアリーに従う者との意味で、シーア派に連なるともいわれるが、明確にはなっていない。イスラム教を象徴するモスクを建設しなかったり、1日5回のお祈りをしなかったりと、トルコ国内の多数派スンニ派からは異端と見なされ、長い間、宗教的な迫害や社会的な差別の対象になってきた。古代ペルシャ起源のゾロアスター教や土着信仰と混合して生まれたともいわれる。

私がクルドの取材を始めた頃、関連書籍を何冊か読み、クルド人にアレウィー派の信者がいることは知っていたが、川口市に居住するクルド人にもいることは初耳だった。支援者の仲介で、日本に来て1年というアレウィー派のクルド人男性が、妻と2人の息子と住む蕨市内のアパートで取材に応じた。トルコで測量技師をしていたというこの男性は、測量会社から派遣され、一時リビアでも働いた経験があると話した。

男性の出身地はデルスィムではなく、ガジアンテップから北に50キロほど離れたシリア国境に近い町だ。数十年前は人口約7万人だったが、さまざまな迫害から3万人以上がヨーロッパなどに逃れたという。妻の母親や親戚などはスイスに逃れて暮らしている。現在、町の人口の4割がアレウィー派で、他の宗派のトルコ人やクルド人も住んでいる。

男性は「アレウィー教徒は（他のイスラム教徒のような）お祈りはしないし、お酒も飲む。女性はスカーフをかぶらない」と言った。お祈りの方法も違うという。モスクはないが、寄付を集めて「アリーの大きな絵を『教会』に飾る」とも説明した。アレウィー派はモスクの代わりに「ジェムエヴィ」と呼ばれる集会所で集団礼拝などを行う。男性が「教会」と言ったのは、ジェムエヴィの意味ではないかと理解した。

トルコ人や他のクルド人から「(アレウィー教徒は)『イスラムを信じないから人間じゃない』と悪口をいわれる」と男性は言葉を続けた。さらに「アレウィー教徒が住む村にはモスクがないからすぐわかる」とも話した。

私が宗教差別についてさらに問うと、男性は質問の意味がわからないらしく、スマホのアプリで「差別」の意味を調べ「たくさんあるが、日本語がうまくないので説明できない」と、もどかしそうに答えた。

男性とは最初、JR蕨駅前の喫茶店で待ち合わせていた。ところが取材を始めるとすぐに男性は「日本語がうまくないので、自分のアパートに行かないか」と誘い、同じ村出身の一家の息子を通訳としてアパートの部屋に呼んでいると付け加えた。

アパートでのインタビューでは、男性が私の質問の趣旨がわからなかったりすると、小学6年生のその子どもに助けを求めた。その子は男性より日本語の日常会話はわかるものの、背景の知識が求められる質問での通訳は少し重荷だったようだ。2、3の質問でその子は通訳を手伝ったが、結局、私の質問は直接男性に向けられた。

男性の発言趣旨を正確に伝えているか少し不安が残るが、男性はこんなことを言った。

「故郷の気候は日本とほぼ同じ。春は花が咲く。８月は暑い。でも、日本の方が暑い。野菜を作ったり運転手をしたり（アレヴィーの職業は）いろいろ。でもけっしてアレヴィーとは名乗らない、日本でもトルコでも。トルコでは大変。日本は安全。アレヴィーは豚肉を食べる。トルコ人の９割は食べない。（アレヴィーは）ウサギは食べないが、トルコ人は食べる」。

日本に来たいきさつを聞いた。

「父は亡くなり、母ときょうだい３人はトルコ、（別のきょうだい）２人はヨーロッパに行った。ヨーロッパに行きたいが、今難民のことで大変。１００万か２００万円かけ、海から行けるが、危ない。10～20時間、船で、それから車で。子どもたちをどうするか。ヨーロッパまでは大変だ。トルコのアレヴィーはヨーロッパに行ったが、私はできないので日本に来た。でも、日本はいい国です。来日の1年前に、日本にいる友人に何回か相談した。『日本はどうですか』と。ネットでも日本にどうやって行くか調べた」。

話は日本での生活に移った。

「ビザもない。２カ月ごとに仮放免（の延長手続き）で入管に行く。今は解体の仕事。

仕事は飛び飛び。1カ月で働けるのは1週間、あるいは5日とか。ぜんぜんない時もある。（そんな時は）家にいる。子どもたちと公園へ行く。

子どもは5歳と4歳の男の子。保育園に入れたいがビザがないし、料金が高い。5～6万円。日本でも生活はすごく大変。どうしていいかわからない。ボランティアに助けてもらう。（健康）保険もない。妻が（病院の）検査に行って6万円かかった。明日がわからない日々」。

私はこれまで多くのクルド人にインタビューをしたり、雑談を交わしたりしてきたのだが、来日わずか1年で、通訳なしのインタビューができる男性の日本語の会話能力は驚きだった。

男性は時間があれば一日中、日本語を勉強しているという。ノートを見せてもらうと、びっしりと書き込みがあり、手元には知人からもらった「入門日本語」や「みんなの日本語・初級」「かん字　小学2年」など数冊のテキストがあった。たくさんの人の手に渡り、熱心に学ばれた痕跡を示すかのように、すっかり表紙はすり切れていた。ノートには細かな字でびっしりと「あいうえお　かきくけこ……」と、ひらがなが連なっていた。

「Ｈａｒｕ＝ｉｌｋｂａｈｏｒ　Ｎａｔｓｕ＝Ｙａｚ　Ａｋｉ＝Ｓｏｎｂａｈｏｒ　Ｆ

uyu＝Kiş」など、さまざまな単語に読みがなとトルコ語の意味が書き添えられていた。

インタビューの合間に、紅茶とピーナッツ入り柿の種が出てきた。男性の子どもたちは人気のアニメ「アンパンマン」を熱心に見ていた。トルコでも人気だという。柿の種が大好きなのか、テレビを見ながらぽりぽり食べた。

インタビューが2時間以上に及び、昼になった。お礼を言って退出しようとすると、玄関付近で呼び止められ昼食を勧められた。他のクルドの家庭でも経験したが、クルド人の客へのもてなしは驚くほど行き届いていた。インタビューなどで訪問し、食事時に重なると当然のように食事に誘われ、何度か家族と一緒に「クルドの食卓」を囲んだ。ただこの日、男性宅で出されたメニューに目玉焼きがあったので少し驚いた。他の家庭でよく出てきたのはナンのようなパンかご飯、クルド風の煮物やピロシキ風揚げ物、トウガラシ入りの少し辛めのピクルス、ヨーグルトで、目玉焼きはもちろん、卵料理に出くわしたことはほとんどなかったからだ。

男性によると、アレウィー派のクルド人は日本に50人ほどいるという。取材で知り合った別のクルド人もアレウィー派と知り、話を聞いた。

この男性は「トルコでアレウィー派が滞在していたホテルが放火され30人以上が死んだほか、アレウィー派の家に赤いペンキで印を付けられる事件もあった。アレウィー派とわかると仕事がもらえないので隠す」などと、さまざまな差別の実態を訴えた。

男性が語った放火事件は1993年、スィファスで開催されたお祭での出来事。招待客のアレウィー派知識人らが滞在したホテルに反アレウィー派のデモ隊が放火し、招待客33人、ホテル従業員2人、デモ参加者2名の計37人が焼死した。アレウィー派にとって、この事件は宗教的迫害の忌まわしい出来事として心に刻まれているようだった。

大橋毅弁護士インタビュー

紛争や迫害で難民として国を離れたクルド人は全世界で数百万人に上り、日本には主にトルコから逃れたクルド人が暮らす。20年以上にわたりクルド人の弁護活動を続ける大橋毅弁護士に話を聞いた。

――最近、入管に収容されるクルド人が増えていると聞きます。

理由の一つはクルド人に限らず日本で難民申請者が増えているので、法務省は申請を抑制しようと厳しく臨んでいて、その一環であることは間違いない。もう一つは東京五輪・パラリンピックで、オーバーステイの外国人を厳しく取り締まる通達もあるらしいので、その影響があるかもしれない。

――入管に収容されたクルド人から、収容理由や収容基準がわからないと不満の声が聞かれます。

　収容には3つのパターンがある。

　①難民申請が認められず異議申し立ても却下されるなど、審査請求手続きがすべて終了して収容されるケース。

　②仮放免中に無許可で県外に出たり、就労違反で働いたことがわかるなどの条件違反で収容されるケース。

　③理由がわからないまま仮放免が取り消されるケース。

　①は5～6年前にはほとんどなかった。だから、法律に基づくというより運用でそうなっているので、100％捕まえるとは限らず、基準がよくわからない。②の場合も、何が違反行為だったかははっきり言わない。（仮放免の）取り消し書を見ても、「無許可で県外に出た」としか書かれておらず、何月何日かなど事実認定ができる部分は黒塗りになっていて、実際に何の条件違反が認定されたかはわからない。③が一番わからなくて、「今日、あなたの仮放免を延長しません」と言われて捕まって（収容されて）しまう。取り消し書を開示請求しても、やはり大事な部分は黒塗りだ。

——日本人と結婚すると配偶者ビザがもらえるのでは？

配偶者ビザをもらえる人と待たされている人がいて、何が違うかわからない。以前は仮放免状態が続いているうちになんとかもらえたのに、最近は先に（配偶者ビザが出る前に）収容されてしまう。その中でも時期により波がある。（結婚しただけで）ビザが出た時期もあれば、ある時期には厳しくなり、２人めの子どもが1歳になりようやくビザが出たケースもあった。理由はまったくわからない。

——長期収容が増え、入管の収容施設内で自殺や自殺未遂が起きています。長期収容で精神的に追い詰め、自ら帰国させようとしているのではないでしょうか。

その通りだと思う。人権上も問題だ。国会での議論もゼロではないが、大きな政治課題にはなっていない。

——国連が「長期収容は拷問にあたる」と日本政府に勧告しています。

政府の見方では仮放免を弾力的に運用していることになっているが、そういう勧告が出ている。勧告が出ても事態はあまり変わらない。

——日本は欧米と比較して難民認定が少ない国として知られている。とくにクルド人の難民認定は過去20年以上にわたり1件もありません。

トルコは日本にとって友好国で、NATO（北大西洋条約機構）に加盟しているから、「テロとの戦い」でも協力関係にある。トルコがクルド人居住地を爆撃したり砲撃したり無差別に銃撃したりして「これはテロ対策。テロリストを掃討している」と言っていることに対し、法務省が「テロ対策としてはやり過ぎで人権侵害」などと批判はしづらい。日本では法務省がテロ対策を所管していて、その業務に支障が出るからだ。テロ対策での協力を維持する意味で、それは言わないだろう。「我々の協力

関係を壊すのか」となる。
だから、難民認定は第三者機関に委ねるべきだ。法務省が担当しているかぎり、クルド人は難民認定されないだろう。どこがその業務を担当するかはすごく重要。しかし、第三者機関が難民認定を担当したら、法務省は「第三者機関の決定に口は出せない」と言うことができる。

――日本で難民として認定してもらうためには、特定の民族や宗教集団の一員であるだけでは足りず、難民申請者自身が個人として迫害されていることを証明しなければなりません。しかし、実際には難民として逃れてきた人が、資料や証言を集めて自身の難民性を証明することは難しいです。

法務省は、個別に狭義の難民性を判断する。申請者に（国などに）マークされていることを証明しろといっても、なかなか難しい。クルド人は抑圧されている民族であることは前提として認めてもいいのではないか。

――クルド弁護団が結成され、20年以上経過しました。
親族の呼び寄せなどでクルド人はずいぶん増えた。多くがガジアンテップ周辺の出身者だ。たった一人で来ても、助け合いのコミュニティーに入れないと仮放免の保証金も払えないし、生活もできない。日本は難民認定されない国とわかっているので、ガジアンテップ周辺で親族のつてがないとなかなか来られない。

——難民問題への提言は？

難民認定が進まない根本問題を解決するには、やはり第三者機関を作るべきだ。2年前の法改正で行政不服審査法の中に第三者機関ができた。行政の決定に不服申し立てをしたら原則、行政不服審査会という総務省下の第三者機関が諮問意見を出すことになっている。ただ、難民の不認定は諮問しないで、法務省の中だけでやることにしてしまった。法務省の妨害だ。すべて解決するわけではないが、せめて第三者機関に諮問させれば、かなり事態は違ってくる。

——長期収容問題とも絡みますか。

日本の場合、行政もそうだが、裁判所も身体拘束に関してすごく鈍感だ。せめて収容に関しては期限を設けるべきだ。

——入管に収容されているクルド人の多くは「刑務所には刑期があるが、入管の収容にはない」と訴えています。

いつまで続くかわからない精神的な苦痛は相当なものだ。収容自体についても逃亡の恐れがあるかどうか審査するなどした方がいい。ただし、それには法改正が必要。

たとえばオーバーステイの場合、一番重くて3年の懲役だったかな。起訴猶予や不起訴、(起訴されて裁判を受けた場合でも)初犯なら実刑にならないのがほとんどなのに、(入管に捕まれば無期限に収容されるのは)問題だ。長期間の収容は理解できない。

第4章　地域に根付くクルド人

地域の中の日本語教室

川口市周辺にクルド人が住み始めて30年近くになるが、クルドのコミュニティーと地域住民との交流や共生は進んでいるのだろうか。答えが二者択一なら、残念ながら「ノー」と言わざるを得ない。

理由はいくつか考えられる。クルド人の多くが「難民」として来日していることが、地域社会に溶け込む際の壁になっていると思えるし、日本からは地理的・心理的に遠い中東地域が出自であることが関連するかもしれない。生活習慣や文化の相違が一因ともいえる。そして何よりも言葉の壁が、両者を隔てる最大の障害だろう。

来日時の年齢にもよるが、子どもたちはすぐに言葉を覚え、学校を基点にして友達関係を築き、地域に溶け込むことが可能だ。外に働きに出る男性も、職場で働く際に必然的に言葉を覚える。一方、女性の多くは家事など家庭内の仕事をこなすため言葉を覚える機会が極端に少なくなる。地域との交流には女性の果たす役割が欠かせないが、肝心のクルド人女性の日本語の能力が不足する現状は、共生の足かせになりかねない。

クルド人が増え始めると母親同士の助け合いコミュニティーが形成され、会話の言葉はクルド語かトルコ語になり、ますます日本語を覚える動機がなくなる。日本語がわからない母親たちが困るのは学校や病院とのやりとりだが、多くの場合、日本語がわかるクルド人が通訳で付き添うことになる。川口通信部の近くにはクルド人が多く生活しているため、通訳が付き添っている子ども連れの母親を何度か病院で目にしたことがある。クルド人自身が日本語を覚える努力は必要だが、一方で地域社会の側にも、彼らが日本語を学ぶためのさまざまな対策が求められる。

外国人が多い川口市には、主にボランティアによる日本語教室がたくさんあるが、クルド人を対象にした日本語教室があると聞き、私は取材に向かった。

川口市内で外国籍住民を対象にした日本語教室は約20カ所に上るが、多くはＪＲ川口駅前周辺にある。川口市芝地区周辺に住むクルド人には距離的に通いづらい。クルド人向けの日本語教室を主宰している小室敬子さんは数年前、自宅周辺をジョギングしていたところ、公園付近で立ち話をしている外国人に気づいて、「どこの国の人だろう」と気になっていたという。赤ちゃん連れの母親も見かけるようになり、自然と「日本語に困っているだろうな」と気づかされた。その後、クルド人とわかり、ネットなどで調べているうちに、事情が少しずつ理解できた。小室さんは子どもが幼稚園児だった20年ほど前、フィリピン人の母親が日本語がわからず困っていたのを手助けした経験があり、芝地区のクルド人を対象にした日本語教室を立ち上げた。

「コンニチハー」。ある土曜日の午後、川口市の芝公民館に子どもたちの元気な声が響いた。小室さんと日本人ボランティアらが笑顔で出迎えた。この日は雨模様のせいか、参加者はいつもの半分ほどで、子ども4人、大人2人が集まった。

小学校2年生の女の子がカバンから筆記用具を取り出し、配布された国語のドリルにとりかかった。絵や文章を読みながら答えを書き始める。「つばめは　はるに　みなみのくにに　いきます」。なまりのない日本語で女の子は声を出しながら、次々と鉛筆で答えを書いていく。同じ机に座った日本語が堪能なクルド人女性は、難しい日本語の勉強をする傍ら、女の子の勉強も手伝っていた。ときどきクルド語で話しかけながら勉強が進む。

小室さんがテキストを見ながら聞いた。「網って知ってる？　虫を採る時に使うもの」。

女の子はすかさず「写真で見たことある」と答えた。私が「みんなわかるね」と声をかけると、テキストに目を落としたまま軽くうなずいた。

小室さんが問題を見ながら「オートバイって知ってる?」と声をかけた。女の子は「家の前にときどき止まっている」と答えた。質問した理由について小室さんは「家での会話はクルド語が多く、日本語のボキャブラリーが足りないため、ときどき日本語の意味を確認する」と説明した。「折れちゃった」といいながら、女の子が鉛筆を削り始めた。

隣の机から、「日本語には小さい『つ』や『よ』がたくさんあってびっくり」と話すクルド人女性、ユウさん(仮名)の声が聞こえた。『りょーり』と発音して、書く時は『りょう

り』。『おとーさん』が『おとうさん』。『おばーさん』はすごく年取っている。『おばさん』は少し若い」。周囲から笑い声が起きた。

ボランティアの一人、熊谷淳子さんが、ノート大の携帯用ホワイトボードに例文を書いていく。ユウさんが「若いクルド人は『とうがらし』と発音するけど、年寄りは『とーーがらし』」と話すと、周囲から「違いがわからない」と笑い声が上がった。

別のボランティアが「おじさんは若い。おじいさんは老人。おじさんとは60歳くらいで区切る。トルコでもありますか」と聞く。ユウさんが「『デデ（おじいちゃん）』と言われると『自分はそうじゃない』と言う男性はいる。でも、女性の方が多い。若い人が孫できたら、おばあちゃんと言ってほしくなくて、ママと呼ばせている」と説明すると、すかさず「日本も同じです」との声が上がり、全員が大笑いした。

再びユウさんが話し始めた。「漢字の勉強。山は『やま』、富士『さん』。人の名前に山が入ったりして難しい。水は『みず』と『すい』道。違うのがいっぱい出てくる。金は『かね』『きん』曜日」と頭をひねった。

熊谷さんが「トルコ語の本を買ったけど、読むのが難しい」と言うと、ユウさんが「トルコのドラマを見ると勉強になるよ」とアドバイスした。トルコのドラマは長期間続くものが多く、中には1000回もの連続ドラマもあるという。ひとしきりテレビドラマの話題で盛り上がる。

熊谷さんは教え始めてまだ1年ほど。自宅近くにクルド人家族が住んでいたため「交流したいと思った」のがきっかけという。同じマンションの子も日本語教室に通っているので、とても親しくなった。学校のプリントなどでわからないことがあると、「教えて」と聞かれるようになった。以前は自宅周辺のクルド人に日本語で挨拶しても無視されたが、ある時トルコ語で年配の女性に「メルハバ（こんにちは）」と声をかけたところ、急に互いの距離が縮まったという。

ユウさんは家族らと2003年に来日、市内の中学校に通った。今は夫とともに難民申請中だが、不妊治療をしているため医療費負担も重く「生活は大変」とため息をついた。クルド人同士、クルド人男性と日本人女性との結婚も増え、「今年も赤ちゃんが（自分の周囲で）30人くらい生まれた」と話した。

3年前の教室開設当初から通っているというユウさんは「日本語教室に通うことは、生活する上でもすごく役に立つ。手紙や地域の連絡のチラシなどもここで内容を教えてもらった。予防接種などの情報や病院の場所など、困っている時に教えてもらえる」と話した。

これまで教室に通ったのは延べ50人ほど。「母親たちからは、子どもの学校の成績表も読めないので、いろいろな相談がある。多くの母親に日本語を学んでほしいので、ポケットにはいつも教室の案内チラシを入れている。母親たちは（クルド人同士の助け合いで）日本語がわからなくても生活は成り立つ。だから、勉強の必要性は感じていなかった。子どもたちの教育に熱心な母親たちが（教室に）残った」と小室さんはいう。

トルコ国内での教育差別や、家父長的な家族観が残るなどの影響で、クルドの女性の多くは小学校しか出ていない。このため、教育の重要性に対する認識が低いとの指摘もある。ある支援者は「一生懸命サポートして学校に通うことができた子でも、簡単に学校を休んだり、何の連絡もないまま通うのをやめてしまったりした」と打ち明けた。

子どもたちは学校に通い始めると、どんどん日本語を覚え、日本生まれの子はもちろん、親と一緒に来日した子どもでも数年で日本語が上達する。家庭内でもきょうだい同士が日本語で会話するようになると、日本語のわからない母親たちは孤立する。先生との会話もままならず、孤独感も強まる。学校に通う子どもたちへの日本語教育はもちろん急務だが、一番日本語教育が必要なのは母親たちといえる。一方で、勉強熱心な母親とあまり関心のない母親との間で日本語格差が広がるなど、新たな課題も浮上する。

クルド料理教室

トルコ料理は、中華料理やフランス料理と並ぶ世界三大料理の一つとまで並び称される。地理的に同じような場所にあることや気候風土、食材などを考えてもクルド料理とトルコ料理に多くの共通点があるのは間違いないだろう。川口通信部の近くにトルコ料理の看板を掲げていたレストランがあり何度か食事したことがあったが、後に経営者がクルド人らしいと知った。

川口市の芝公民館で2カ月に1回、クルド料理教室が開かれている。クルドの女性たちが日常親しんでいる家庭料理を参加者の住民たちと一緒に作り、それを食べながら交流する企画だ。運営は川口市内で外国人と地元住民が交流する活動を精力的に行っている中島直美さんたちが担う。

中島さんは「クルド料理はトウガラシなどを使いスパイシーで、野菜が豊富。米を煮たりスープに入れたりと、ヨーグルトを多用するのも特徴です」と解説。「クルドの女性が置かれた現状は厳しいが、食事を通じて楽しい時間が過ごせれば」と話す。

私が料理教室を訪ねた日は、講師のクルド人女性8人を含め30人以上が参加し、にぎやかだった。何人かのクルド人女性は赤ちゃん連れで、教室内に置かれたベビーカーの中では赤ちゃんがすやすや眠っていた。

この日のメニューは全6品。タマネギに挽肉を詰めてオーブンで焼いた「ピバゼゴシツ」、2枚のパン生地に挽肉とタマネギなどの具材を挟んで焼いた「クロレタシテ」、小麦とパスタをブイヨンで炊き込んだ「ゲルミ」、米とひよこ豆などをヨーグルトやミントで味付けしたスープ「ショルベマスト」、クルド風ドーナツをシロップに浸した「ハルカタツル」、レタスやきゅうり、トマト、玉ねぎなどを少し大きめに刻み、大量のパセリやニンニクと混ぜ合わせた「サラタ」。

4つある調理台で、いっせいに料理が始まった。クロレタシテは30代くらいのクルドの姉妹が講師役を担当した。来日2年目の姉がパン生地を練り始めた。大きな鍋の中のパン生地を、げんこつで何度もこねる。「どのくらいこねるの？」の質問に「20分だよ」と返

答。来日4年目の妹がすかさず「お姉さんは（パン作りが）上手だよ」と言葉を挟んだ。
　講師は手慣れた手つきでパン生地作りを続けている。一方参加者はなかなかうまくパン生地が丸くならず、めん棒を転がしながら「師匠、丸くならないよ。曲がれ、曲がれ」とおどけた声を出すと、周囲から笑い声が起きた。
　めん棒を使っていた参加者に、講師は「ほら、（生地を）逆にして」と声をかけながら、「チッチッ」と舌打ちするような音を立てた。すかさず、中島さんが「日本とは違い悪気はない。軽い意味で『違う』の意思表示」と、周囲の日本人に解説した。
　片面が焼き上がったクロレタシテを裏返そうとしたところ、フライパンの角に当たり少し生地が破れた。参加者が「大丈夫」と声をかけたが、講師は失敗がよほど悔しかったのか「大丈夫でない」と言葉を返した。

ビバゼゴシツのグループでは、タマネギに切り込みを入れ、間に肉を詰める作業が始まった。参加者が手をトウガラシで赤く染めながら、「写真撮っていいですか」とスマホを構えた。別の参加者が講師のクルド人女性に「日本語上手ですね」と声をかけると、彼女は首を横に振った。

赤茶色のペーストを見つけた参加者が「これは何」と質問。「サルチャ」と答えた。干したトマトを発酵させて作った万能調味料で、各家庭でそれぞれ味が違うという。参加者から「日本の赤味噌みたいだね」の声が聞こえた。

ハルカタツルのグループでは、講師が揚げたばかりのドーナツ風の生地をシロップの入ったボウルに投入すると、ジュワッという食欲をそそる音が立ち、すかさず参加者から「おいしそう」と歓声が上がった。甘い物に目がない様子で「絶対おいしいよ」「カロリー高そうだけど、たくさん食べて大丈夫?」など、参加者の声がにぎやかに飛び交った。

2時間ほどで6品が完成した。

参加者が各自、お皿に好きな料理を盛りつけ、食事タイムが始まった。高校教師の男性は、教え子3人と千葉県から参加した。2度目の参加という。「歴史が好きでクルドにも関心があった。ヨーグルトのすっぱいスープは衝撃的」と話した。教え子たちは「タマネギの料理がおいしかった。スープは少しすっぱくて珍しい味」「クロレタシテはピリ辛でおいしかった」「（一人分の）量が多くて驚いた。見た目より口に合う味だった」と語った。日本語ボランティアをしているという参加者は「クルド料理は見るのも味わうのも初めて。文化の違いを、こうした交流で理解し合うのは大切なこと」と話した。

中東のイメージから植物があまり育たない荒涼とした風景を想像しがちだが、クルディスタンは緑豊かな農業地帯だ。料理教室を通し、クルド人の多彩で豊かな食事風景が垣間見える。

故郷での食生活について、来日12年の講師の一人は「朝はヨーグルトとチーズ、サラダとナン。夕食はナンとスープ、ピバゼゴシツなどのおかずが添えられる。紅茶は毎日夜に飲む」と懐かしそうに話した。日本での食生活について「食材が手に入らないものもあり、買えたもので考えて作る。できるだけクルドの味に近づけている。カレーやオムライス、チャーハンも作ります。子どもたちが大好きだから」と説明した。

中島さんにクルド料理の特徴について話を聞いた。

「一つは粉物が多いこと。クルドの女性はみんな簡単にパン作りをする。粉からあっという間に作ってしまう。私もお土産にもらったりした。家庭により違うかもしれないが、パンは1カ月に1度、親族が集まり総出で作ると聞いた。冷凍して保存する。子どもたちは母親を見て、お手伝いしながらパン作りを覚える。娘がパン生地をこね、母親がのばし、役割分担を変えながら覚えていく。

たくさん収穫された野菜はピーマンでもナスでも干したり漬けたりして1年分の保存食にする。日本の野菜は値段が高いとこぼしていた。トマトとピーマンのペースト、サルチャはトマトを干して発酵させたもので、すごく手間がかかるそうだ。各家庭でそれぞれ味が違う。いろいろな料理に使い、辛さもまちまち。料理の味のベースになる。

(彼らの出身地では)ブドウをたくさん作っていて、葡萄酒も作るが、絞ったブドウの汁をそのまま飲むとも聞いた。ブドウの葉で肉を巻いた料理もある。

クルドの女性が、私の家に来た時、梅の木の青い実をそのまま食べようとしたので「だめだよ」と言ったら、クルドでは青い実をそのまま食べると言っていた。あちこちにたくさん実っていて、採って食べるそうだ。日本とは違う種類の梅かもしれない。

料理教室では必ずデザートを作るが、甘い物はごちそうとされているようで、たっぷりのシロップを掛けてさらに甘くする。彼らは食べるのが早く、食事の量もものすごく多い。山野を移動するから、たくさん食べていたんだと思う。食事に呼ばれて『あなたたち、それだけしか食べないの?』と言われるけど、ほんとうにお腹が一杯になる」。

料理教室について聞いた。

「一時期は参加者が5人程度の時もあったが、ここしばらくは多く、満員になることもある。参加者はインターネットなどを見て、クルドに興味を持って来る。少しずつ手応えを感じている。

(日常生活では)言葉の問題もあり、クルド人女性から日本人にはなかなか話しかけない。交流の成果はまだ道半ば。料理を作っている最中は主婦同士で同じ話題の会話があるが、食事時になると、お互いに構えてしまうのか、言葉の壁、文化の壁で会話がはずまない。日本人の参加者はクルドについていろいろ聞きたくて来る人もいるが、聞かれても話題によっては答えられない事情もある。

クルド料理にはナッツ類が多く使われるが、日本でもクルミを使った料理があるとか、サルチャは日本の味噌みたいとか、料理を通し、会話のきっかけができる」。

中島さん家族は数年前、インドネシアの高校生を短期のホームステイで受け入れたことがあり、私はその取材を通じて知り合った。中島さんは夫の淳さんと一緒に外国人との交流に積極的に参加し、ボランティアとして活動している。小さな一歩だが、こうしたボランティアの広がりが異なる文化との共生に、大きな役割を果たすのは間違いない。

伝統手芸「オヤ」

クルド料理教室が開かれている同じ芝公民館で、中島直美さんが今度はクルドの伝統手芸「オヤ」の教室を始めたと聞き、取材を申し込んだ。料理教室同様、オヤを通したクルド人女性たちとの交流が目的だ。私は数年前、別のグループが開催したオヤの教室をのぞいたことがあった。手芸に関してほとんど知識はないが、日本の手芸と比較し、繊細なイメージが残っていた。

オヤはトルコ語で縁飾りを意味し、スカーフや枕、テーブルクロスなど日常のさまざまな場面で使われるレースの総称。クルドの女性たちは母親から技術を受け継ぎ、花や鳥などをモチーフにしたデザインも家々によって異なる。結婚が決まると女性たちは真新しい布団カバーなどに美しいオヤを取り付け、大事な嫁入り道具として持参するという。

オヤの起源は不明だが、トルコ中央部付近が発祥といわれる。13世紀末ごろに建国されたオスマン帝国の宮殿で装飾文化が発展し、その後女性たちがかぶるスカーフの縁飾りに取り入れられたとみられている。

私が教室を訪れた日は繊細な造形が魅力のオヤに興味を持つ主婦など7人が参加、クルド人女性2人が講師を務めた。2人は日本語があまり話せないため、通訳などサポート役のクルド人女性4人も加わった。教室入り口のテーブルに赤やピンク、緑、紫など30近くの色彩に染められた糸が並び、日本製のかぎ針も見えた。トルコで売られていた針を逆輸入したものだという。日本人が馴染んでいる手芸用の糸よりはるかに細く、見合った針は日本ではなかなか手に入らないらしい。ほかに糸を焼き切るためのライター、はさみなどが並んでいた。参加者はそれぞれ好みの糸を選び、いよいよオヤを編む作業が始まった。

最初のテーマは、ジャスミンの花模様のアクセサリーを制作しながら、オヤの基本を学ぶこと。講師のクルド人女性が手本を見せるが、素早い動きに参加者から「早い早い、無理無理」の声が漏れた。講師がかぎ針を持つ指で示しながら「こっちを持って」「3回目」「もっといっぱい」などと言葉をかける。左の人差し指に10回ほど糸を巻き、右手で針をその糸にからめながら輪を2個ほど作る。根気のいる作業だ。糸を巻く際、「イチ、ニー、サン、シー…」の声が聞こえた。通訳のクルド人女性はかぎ針の動きを見せながら「入って出る、入って出る」と説明を繰り返した。日本の手芸よりはるかに細かい糸を自由に操る講師を見ながら、参加女性が「クルド人はすばらしい」と感嘆の声を上げた。

参加者には手芸経験のある女性が多く、言葉は通じないものの互いに編み方を見せ合い、にぎやかな声が響く。オヤと日本のレース編みではかぎ針の使い方などが異なるが、レース編みを経験している女性が巧みにかぎ針を操ると、講師は「うまいね」とほめた。

「結婚適齢期の16、17歳に近づくと、家の娘は布団カバーや枕にオヤの装飾をし、結婚準備が始まる。今は自分で作る人は減っているが、昔は近所の人が集まり、楽しいおしゃべりをしながらオヤ作りを手伝った。

みんな子どもの時から一緒なので、昔話をしながら嫁入り道具を作るのを手伝った。電気のない生活で辛いこともあったが、今はそれも楽しい思い出。靴下や子どもの服を作りプレゼントしたりもする。タオルや布団カバーなどには小さな鳥や花のデザイン柄の細い飾りを付ける。結婚すると夫婦の親から布団を3つずつプレゼントされる。客が多いから布団飾りは6個から10個用意する」。

講師の一人は2年前に来日。きょうだいは男4人、女3人の7人。母親の生活を助けるため、一緒にトルコ絨毯作りもしたという。1枚のトルコ絨毯ができるまで1カ月もかかり「我慢してやった。生活のためにやっていた」と吐露した。オヤは12歳から母に教わったという。「辛いことがあっても、オヤを作っていると元気になれた」。19歳で結婚し、子どもたちの服も手作りした。5人の子どもはいずれも男の子で「娘にオヤの伝統を伝えたかった」と少し残念そうに笑った。

5年ほど前に一度オヤを学んだ経験があるという参加者は「針の持ち方や糸のかけ方も日本とは違う。オヤの編み方は非常に合理的と感じる」と話した。

中島さんがオヤ教室を思いついたのは、知人のクルド人女性が身につけていたスカーフにすてきな縁飾りが付いていたのを見て「編み方を教えてほしい」と声をかけたのがきっかけ。

クルドの女性との交流を目的に料理教室を始めたが、彼女たちの得意技を生かして他に何かでき

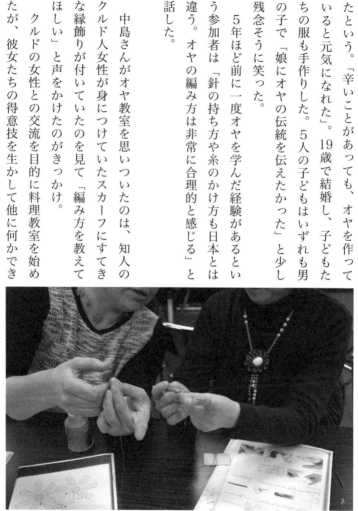

ないかとオヤの教室も始めた。手作りしたオヤの作品を預かり、ネットやイベントで販売もしている。中島さんはオヤをみてかわいいデザインと繊細な作りに感心した。ただ、日本人の好みからすると少々派手で、売りづらいという。今後、クルド人女性が作るオヤを手に取ってもらうために、どんなデザインや色使いが受けるかなどのリサーチをしたいと話す。彼女たちの作品はアクセサリーやイヤリング、ネックレス、ブレスレット、スカーフなど多彩である。

数年前まで中島さんもクルド人についてほとんど知識がなかったという。公園や街角などをぶらぶらしている男性たちを不思議に思っていた。今は彼らの状況が少しずつわかり、「大変だな」と思う。

「本当は働きたいのに働けない。好きでぶらぶらしているわけではなかった。この地域ではスーパーマーケットでもクルド人をよく見かける。言葉は通じないが『メルハバ（こんにちは）』と声をかけるだけで、笑顔を返してくれる」。

中島さんは「オヤの編み図は、すべてクルドの女性たちの頭の中にあり、代々引き継がれてきた。そこに伝統を感じる。文化の交流を通した相互理解を深めたい」と決意を口にした。

「ハッピーケバブ」

クルド人が川口市周辺に住み始めて30年近くが経過し、今では１５００人規模のコミュニティーが存在する。多くが難民申請中で、中には日本に合法的に滞在するビザがなく仮放免の状態で困難な生活を強いられているクルド人も少なくない。それでも、配偶者ビザや在留特別許可を持つクルド人の中に、会社を立ち上げて順調に業績を伸ばす人たちも現れている。

毎日新聞社川口通信部はＪＲ蕨駅から徒歩で10分ほど、日本で最大のクルド人の集住地区にある。赴任後、数年してすぐ近くにケバブ店がオープンした。今ではすっかりお馴染みのケバブサンドがおいしい店で、何度も通った。経営者のタシさんが当初は店に出ていたが、そのうち姿が見えなくなり、別の従業員が店を切り盛りし始めた。タシさんの話からはたくましい経営者の姿が垣間見えた。

「アリガトゴザーマス　アマクチ、カラクチ、ニシカワグチ？」

ＪＲ蕨駅から徒歩10分ほどの距離にあるケバブ店「ハッピーケバブ」の店頭から、味付けソースの甘辛の問いかけと近隣の地区、川口市西川口を重ねた店員のダジャレが響いた。こんがり焼き色をつけた肉をピタパンで挟んだ中東料理のケバブサンドは、今では日本でもすっかり人気となり、各地のイベントなどで売る屋台に加え、街中に店舗も見かけるようになった。

クルド人が多く住む芝地区周辺でも、数軒のケバブ店が営業しているが、「ハッピーケバブ」は地元の人気店。他のケバブ店がクルド人以外の集客に苦戦するなかで、この店は着実に日本人客を取り込んできた。

２０１８年春、店を開いて４年目という共同経営

者の一人で、まだ30歳という若さのタシさんが、開店までの苦労や経営方針などを語った。

タシさんはトルコで中学を卒業後、日本で働いていた父親を頼り15歳で初めて来日した。最初は日本に残るつもりはなかったが、その頃、トルコ国内ではトルコ軍とＰＫＫとの対立が深まり緊迫した状況になってきたため、父の勧めもあり日本に残った。日本人の最初のイメージはタシさんが持っていた印象と異なっていたという。

「着物を着てちょんまげのイメージだった。テクノロジーがすごいことは知っていたけど、日本人のイメージは侍だった」。

来日後、サッカーが大好きだったためサッカーのジュニアチームに入ろうとしたが、在留期間が切れてオーバーステイとなった。周囲のアドバイスもなかったため、自身がオーバーステイという不安定な状態であることに気づくのが遅れた。その頃はすでに日本の生活にも慣れ、トルコに帰国する意志はなくなっていた。２００８年にようやく難民申請したが、幸運にも後に配偶者ビザを取得するまで入管に収容されることはなかった。

子どもの頃から料理が大好きで、トルコではパン屋でアルバイトをし、独学で料理の勉強をしていた。来日後、東京都内のケバブ店で修行を重ねた。イラン人の経営する店では休みもなく、1日18時間働いたこともあった。

「寝る場所があり食事も付いていたので、月給の15万円はほとんど貯金していた」。

その店はあまりにも仕事が厳しく、数カ月で辞めた。今では多くのケバブ店が軒を連ねる東京・上野のアメヤ横丁でもバイト経験がある。その後、ガーナ人が経営する店に移り、肉の仕入れや調理法、さらに接客などを学び、将来の開店に備えた。

日本人に合う味を研究し、インターネットでもそれぞれの肉に適したスパイスを探すなど、自身が納得するオリジナルの味の探求に没頭した。自慢のソースは100％自家製で、客にも人気。肉に下味をしっかりつけるため、鶏肉は4～5時間、牛肉は24時間調味液に漬け込む。完成後に冷凍し、ストックはいつも1トンほどある。ケバブ店の出店は多いが、「食材は自家製ではなく専門業者から仕入れる店も少なくない」とタシさんは指摘した。

ケバブの材料を他店へ卸すことも可能としながら、品質を保つため、当面は自店だけで販売する考えだ。「ただ儲けるではなく、客の信頼を得て長く店を続けたい」と話す。一方で、品質管理を徹底した上で、肉とソースを提供するフランチャイズ方式の多店舗展開は数年後をめどに実現を目指している。

2015年からプロ野球ヤクルトスワローズの本拠地・神宮球場でも、ケバブの販売を始めた。神宮球場にはかつて、他のケバブ販売業者が出店していたが、評判が落ちて撤退、その後ケバブ店がなかった。タシさんは球場に何度も足を運び、試食を重ねるうちに味の良さを評価され、営業許可を獲得した。野球のシーズン中は、かなりの売り上げになるだけでなく宣伝効果も大きい。

タシさんの似顔絵が側面に描かれた車で、イベントなどへの出店も続ける。当初は赤字が続いたが、次第に出店できるイベントも増えてきた。

都内のケバブ店で修行していた頃、同じケバブ店で働いていた妻と知り合い、2010年に結婚した。妻は9歳の時にコロンビア人の母親と来日し、その後、母親が日本人男性と結婚し永住資格を取得している。タシさんも永住者の配偶者としてビザを取得、日本で合法的に働くことが可能になった。2013年に友人と共同経営でケバブ販売事業を立ち上げた。

ケバブはトルコ語で（肉や魚などを）炙って焼いたものという意味。串に刺して焼いたシシケバブと、肉を何層にも重ね回転させながら焼き上げたドネルケバブがある。ケバブの味を決める肉の仕込みとソース作りはタシさんと共同経営者が一手に引き受け、従業員には任せていない。店舗とは別の場所に借りた作業場で仕込みを行う。多い時では1日1

トン、少ない日でも500キロほど仕込むという。神宮球場では1本約70キロのドネルケバブで6本分、約400キロを売り上げた。出店料は安くないが、「いい宣伝になる」と話した。

「ハッピーケバブ」の経営は今のところ順調だ。「日本人客も多く、他の店とは違う」と自信をみせる。

「最初は日本人客が入りづらかったと思う。開店後2年間は自分がずっと店の前に立って、買って帰るだけの客（日本人のテイクアウト客）といろいろと会話して、店の中に入れるようにした。外国人がいるとイメージ的にどうしても入りづらいからね。だんだん理解してもらい、日本人客も増えてきた」。

従業員教育にも力を入れている。

「客との対話、接客はたいへん大事。日本では『お客様は神様です』というが、たしかに一番大事なのはお客さん。従業員が変わるとお客さんも変わるので、できるだけ従業員は長く勤められるようにしている。客との対話には日本語の能力も必要だから、従業員にはもっと日本語を勉強するようたえず指導している。日本語がわからなければ、お客にも商品（メニュー）をしっかり説明できない」。

川口市の芝地区周辺には数件のケバブ店があるが、長期間営業を続けているのは「ハッピーケバブ」だけだ。短期間でオーナーが変わったりする事例が少なくない。成功の秘訣は、日本人客の取り込みだと思う。商圏の芝地区周辺でクルド人は最大1500人ほどに過ぎない。クルド人だけを対象にして商売が成り立つはずがない。他の店舗では日本人客をどう取り込むかという視点が欠けていると思った。

クルド人が経営する別のケバブ店で、私が疑問に感じた体験がある。ある時、店に入ると10人ほどのクルド人の客がおり、一見繁盛店に見えた。ところが、テーブルに座ってみると、客が店の一角でオケイというトルコ式麻雀に興じていた。客が飲食して、お金を店に落としているようには見えなかった。ゲーム代を徴収したところで売り上げは知れている。なによりこれでは日本人客が入りづらいと感じたものだ。

タシさんにこの体験を話したところ、こんな回答が返ってきた。

「ハッピーケバブでも（オケイを）やれるようにしてと言われたけど断った。日本人が入りづらくなるからだ。他の店の経営者にも『(日本人の）お客さんが入らないよ』とアドバイスしたが、耳を貸さなかった」。1杯100円ほどのチャイを注文し、おしゃべりを楽しむクルド人は、あまりお金を使わないという。

インタビューの最中、タシさんが思わぬことを口にした。「日本に最初に来たクルド人は自分の3人のおじだった」というのだ。私は思わず身を乗り出した。詳しく聞くと、タシさんは「おじたちが来たのは1992年。おじの一人はトルコに戻り、別のおじは今、オーストラリアにいる。このおじにはケバブ店を開店した際に資金を借りた。もう一人は亡くなっている」と話してくれた。

タシさんの父親も従業員数十人を抱えて建設関係の会社を経営している。しかし、タシさんは自分自身で経営を学び、会社を経営してきたと強調した。

「最初は人（従業員）を使いづらかったけど、経営者として人をどう使うかは少しずつ学んで来た。従業員は友だちではないから叱る時は叱り、ほめる時はほめる。給与体系もしっかりして従業員の信頼を得ることも大事」。

車が趣味というタシさんには、もう一つの夢がある。海外に日本の中古車を輸出販売するディーラーの設立。中古車を確保するためのオークションのライセンスの取得を目指している。日本という異国の地で、タシさんは着実に経営者として歩みを進めている。

小学校での日本語学習は今

川口市周辺に住むクルド人を取材してきた私にとって、日本に滞在するクルド人では最初に来日したアリさんや、その翌年に来日したマモさんなど第一世代のクルド人の話は興味深く、入管に収容されているクルド人のインタビューも難民問題を考える際の重要な手がかりに思えた。

その一方でクルド人と地域住民との交流・共生には、コミュニケーション手段としての日本語習得が欠かせないと改めて認識するようになった。そんな思いから私は、学校でのクルドの子どもたちの日本語習得の現状を知ろうと、川口市教育委員会に取材を申し込んだ。記事の趣旨などを書き込んだ取材申請書を提出し、しばらくすると取材許可が出た。私は、市内で最も多くクルドの子どもたちが通うという小学校に向かった。

日本に滞在するクルド人は川口市北西部の芝、前川両地区に多く住み、市立芝中央小学校（2018年現在、児童数457人）には1年生から6年生まで37人のクルド人の子どもたちが学んでいる。日本生まれは1割ほどで、ほとんどが学年途中に入学したため、日本語の習得が最大の課題だ。

芝中央小では日本語を専門に教える教師一人を配置した日本語教室を開き、教科学習と平行して日本語能力の向上に取り組む。37人のうち日本語教室に通うのは15人。来日2年未満の児童も多く、日本語能力はまだ十分でないという。6人いる1年生は、国語の時間でひらがななどを学び、ある程度の基礎学力を習得してから日本語教室に通うカリキュラムを組んでいる。日本語能力がほぼ同等の同学年の生徒2、3人でクラス編成し、日本語担当の新井さとみ先生が個別に指導する。

夏休みが始まる前の6月中旬、私は日本語教室取材のため芝中央小を訪れた。この日は2時間目が4年生、3時間目が3年生向けの教室だった。部屋のほぼ中央にホワイトボードがあり、3つの机が並ぶ。

2時間目はイスマルさんとシーランさん、ロジッタさんの3人が出席した。3人とも10歳だと言ったが、ロジッタさんはパスポートの生年月日だと9歳と先生は説明した。

これまでの取材で私もクルド人があまり年齢にこだわらないという経験を何度もしていた。あるクルド人女性に妹の年齢を聞くと26歳とのことだったが、取材中に目にした妹の診断書の生年月日から判断すると25歳で、取材を仲介した支援者からは24歳と聞いていた。クルド人に限らず、日本人でもいきなり肉親の年齢を聞かれ戸惑うことはあるが、総じてクルド人は年齢に無頓着といった印象はぬぐえない。

「これから授業を始めます」。かけ算のドリルが始まった。最初に20問を解き終えたロジッタさんが「1番、できました」と大きな声を上げた。「宿題を出して」と新井先生が声をかけると、ロジッタさんは漢字の書き順や送り仮名の宿題をカバンから取り出した。イスマルさんとロジッタさんは、いずれも6歳で来日。シーランさんは9歳での来日。日本で学んだ時間が長いロジッタさんが、少しだけ課題を早くこなしていく。

「きのうわたしは　フィリピンのマニラについて　クラスでみんなに話しました」。ロジッタさんが「話しました」を「聞きました」と読み間違えると、すかさず新井先生の「違います」の声が飛んだ。

「わたしのおじさんは　マニラにすんでいます　マニラは　フィリピンでいちばん大きな町です」。

「マニラは、なんの国にありますか」。

「日本」。

「違います。フィリピンです」。

「だれが住んでいますか」。

「おじいさん」。

「おじさんでしょう?」


次はカルタ取りのようなゲーム。取ったカードを入れるかごを準備して、別の机に3人が移動した。靴下、黒板、ミニほうき、定規、校庭、粘土、ロッカー、折り紙……。たくさんの絵札が並び、先生が読み札のカードを読んだ。ときどき先生は絵札のない読み札を読んだり、子どもたちがお手つきをしたり、真剣な表情で絵札を取り合った。1回戦はイスマルさんが8枚の絵札を取り、3枚と5枚の2人を破った。

今度は先生の読み上げる言葉を、手元のホワイトボードに書く練習。直前に取り組んだ絵札取りの単語を再度学ぶ授業だ。「こうてい」「じょうぎ」「いろえんぴつ」に続き、「テープ」が読み上げられた。子どもたちは「テエプ」と書いた。音引きなどは少し難しいようだ。ロッカーでは「ろうか」「ローカー」などの答えに先生からは「惜しい」とひとこと。ロジッタさんが「1番（最初にできた）」と声を上げると、隣のシーランさんから「1番じゃない」と抗議の声。1番を巡り、しばらく言い合いが続いた。さまざまな工夫を凝らし、少しでも子どもたちの意欲や興味を引き出す授業だった。

授業が終わると、先生から「頑張ったシール」をもらい、全員が笑顔になった。

「これで2時間目の授業を終わります。ありがとうございます」。

次の授業が始まる間に3人に声をかけた。

3人は「勉強は大変」と口を揃えた。イスマルさんは「算数、国語、社会が難しい」と答えた。両親とはクルド語かトルコ語で会話するが、「お兄ちゃんとけんかする時は日本語」とくったくなく打ち明けた。3人の好きな食べ物はカレーやラーメン、給食もおいしいという。将来の夢は「サッカー選手」「画家」「ケーキ屋さん」と答えてくれた。

次の授業の子どもたちが教室に入ってきたため質問を終えると、イスマルさんは私に

「ギュレギュレ（さようなら）」と声をかけて教室を出て行った。

3時間目は3年生のロッカスさんとメメットさんの2人が教室に入ってきた。来日1年と2年だという。2人ともまだ日本語が得意でないため、6年生の男子児童が私の質問を通訳して手助けしてくれた。

「トルコの学校には給食がなく、売店があってお菓子などが買える」「給食ではうどんやカレーが好き」「家の料理ではチョルバ（レンズ豆入りスープ）が好き」「母とはクルド語かトルコ語で話す」。

将来、なりたい職業を聞くと「悪い人を捕まえる警察官」「先生になり、勉強を教えたい」と少し恥ずかしそうに答えた。2人ともやはり「日本語は難しい」と口を揃えた。

クルド人はトルコで抑圧下にあり、クルド人が多く住む地域での開発は遅れ、経済格差や教育格差も見られる。いま小学生や中学生の子を持つ親の世代は、多くが小学校しか出ていない。トルコ国内では生活基盤が牧畜と農業という家庭が多く、学校を卒業すると家の手伝いをする子どもたちは一般的で、高等教育への関心も薄い。とりわけ女性は結婚年齢が低く、高等教育を目指す事例は少ないと言える。こうした親世代の教育観は日本に来ても変わらない。

新井先生は「頑張る子もいるが、宿題をしてこない子もいる。家庭環境の影響が大きく、『今日は雨だから』などと言って簡単に子どもを休ませる親もいる」と指摘した。その一方で先生は「もっと日本語授業が充実できれば、子どもたちの能力も高まる」と期待を寄せた。

芝中央小にはクルド人の子どもたちに加え、中国、パキスタン、ベトナムなど5カ国11人が在籍している。川口市の国際色豊かな現状が、教室にも反映していた。

市教育委員会によると、外国籍児童・生徒数は小学校（52校）１１９９人、中学校（26校）３２６人の計１５２５人。うちトルコ国籍は小学校１７０人、中学校48人だ。トルコ国籍の中にはトルコ人もいるが、多くはクルド人とみられる。クルド人に限らず、１人以上の外国籍児童がいるのは小学校で52校中51校、中学校では26校すべてに在籍している。

学校への日本語教諭の派遣は県教育委員会の所管だが、１校に20人以上の外国籍児童が在籍する場合は、専任の日本語教諭が配置される。市教育委員会によると、学校に専任の教諭が派遣されない場合、ＪＲ蕨駅近くにある川口市の教育研究所が行う日本語教室に通うことができる。年間で30人程度の児童が通うという。また、遠方の学校へは教育研究所からの出張日本語教室も行われている。

学校側から家庭への連絡事項は相当数に上る。個人面談や学校公開日、授業参観、運動会や修学旅行、学習教材、成績表などさまざま。ところが、クルドの家庭では、日本語の読み書きができないため、両親が正確に連絡事項を理解するのは困難だ。母親たちは仲間と情報交換したり日本人の支援者を頼ったりすることで内容を理解することになる。クルドのコミュニティーとあまり接触がない家庭では、学校からの連絡内容が把握できないこともある。

芝中央小では、インターネットの翻訳アプリなどを使い、学校からの通知などをトルコ語に翻訳して渡していた教師がかつて在籍していたという。子どもたちの日本語教育だけでなく、学校や地域でのクルド人家庭への支援体制も整えなければ、子どもたちの教育は実を結ばないだろう。

初のクルド人大学生

クルドの取材を続ける中で、日本に滞在するクルド人として初めて大学進学を果たした女性の話を聞き、私は「クルドを知る会」代表の松澤秀延さんに取材の仲介を依頼した。

ある晴れた日の土曜日、その大学生のジランさん（仮名）が待ち合わせ場所のＪＲ東浦和駅に姿を見せた。ジランさんが高校や大学に進学する際、親代わりとなり支援活動を続けてきた松澤さんも一緒だった。

松澤さんは、多くのクルド人が難民申請をしているにもかかわらず一人も難民認定されない現状に憤りつつ、「日本に住むクルド人の子どもたちもジランさんの背中を見ている。頑張ってほしい」と期待を寄せる。ジランさんは「日本にいるクルド人の現状を変えるために役立つなら」と自らの体験を語る決意をしてくれた。

3人で駅近くの喫茶店に移動し、話を聞いた。初対面の新聞記者の取材に少し緊張しているのか、ジランさんは視線をテーブルに落としながらも、よどみなく質問に答えた。

日本に来たのは2008年。その前に父親が来日、後を追うように母ときょうだい4人でやってきた。後にトルコで大学に進学した長兄は「日本に行っても言葉の壁があり、就職も難しい」と判断し、一人トルコに残った。今は日本にいる両親、妹、弟2人の家族6人全員が難民申請中だ。在留特別許可を求めたが却下されている。

ジランさんは12歳で来日し、小学校6年生に編入した。

「勉強は好きだったが、日本語がわからないから授業についていけず、友だちもできなかった。病気になっても病院で自分の症状が言えなかったし、役所などでもうまく話せなかったので、ずっとストレスがたまる状態だった。国語の授業では、別室で日本語を教えてもらった。家ではずっとテレビを見ていたが、だんだん画面と言葉がつながるようになり、日本語も少しは聞き取れるようになった。最初に覚えた日本語は人の名前、『あけみ』。日本に来た時に入管に捕まり、3日間ホテルから出られなかったけど、部屋の前に立っていた警察官（入管職員？）の名前だった。

（中学校に進学しても）小学校と同じような状況だった。いろいろなことに気づく時期で、『自分ってなんだろう。なんで日本に来たんだろう』と。言葉がわからずイライラしていたから、親に『なんで日本に来たんだ。なんで日本でこんなに苦労するんだ』と怒りをぶつけた。母も日本語がわからないから、家族全員が父親に頼っていた。でも、父は私たちが来て半年後くらいに入管に1年間も収容されてしまった。

子どもで日本語を覚えるのが比較的早かったので、（父親に代わり）家のことを任されるようになった。例えばアパートの契約更新や市役所への届け出、病院での診察など、私と妹がするようになった。私たちもよくわからないのに一気にすることが増えて大変だった。病院では、風邪くらいならともかく、臓器の名前を知らないのでどこが痛いかなどうまく説明できなかった。

（中学校の授業は）小学校の勉強がもとになるので、なかなか理解できなかった。とくに歴史はほとんどわからなかった。数学はある程度わかったが、新しく覚える公式などはわからなかった。どの授業もすべて苦しかった。でも、学校を休んだら負けだと思い休むことはなかった。

日本語を覚え始めた中学1、2年の頃は友だちと簡単な会話ができた。学校にカメがいて、世話をしていたので『大きくなったね』みたいなやりとりを楽しんでいた。2年生の頃『おとなになれなかった弟たちに…』の朗読を聞き感想文を書く授業があった。空襲

（を受け疎開した親子）の話ですごく感動した記憶があり、その感動を書いた。そうしたら、先生に『よかったよ』とほめられ、クラスで2人だけシールをもらえた。ずっとほめられたことがなかったのでうれしかった。何を書いたかはあまり記憶がないが、戦争はいけないとか、クルド人のことを書いたかも知れない。

三郷市にある高校に進んだ。松澤さんが入学資料や受験用の参考書を揃えてくれて、勉強した。漢字は頑張って覚え、日本人と同じ試験を受けて合格した。小学生の頃父親が捕まっていたから、ドリルや参考書もなかった。漢字は小学生の頃はぜんぜん勉強してなくて、中学から学び始めた。母親たちがオヤをしている時、子どもたちは別の部屋に集まり、日本人のボランティアに勉強を教えてもらった」。

「学校の先生は受験を勧めなかったが、本人は勉強したい希望が強かったので、公立高への進学をお願いした」と松澤さん。入学したら成績は10番以内に入る目標を持つことを彼女に約束させたという。

「最初は『えーっ？』と思ったが、自分のためにも一生懸命やろうと思った。生徒は200人くらいいて、最初は100番くらいだったが、卒業間近には学年で3番目になった。英語が好きで成績もよかったので、先生の勧めで英検を受験した。2級に3点差で届かず悔しかったけど、大学への推薦入学で役立った」。

家では何語で会話をするのか聞いた。

「クルド語は聞き取れるけど話せないので、母とはトルコ語。親同士はクルド語で話している。弟や妹は日本語ができるようになり、日本語しか使わない。だから、きょうだいでは日本語。自然と切り替えるというか……。トルコ語を使って日本語を学ぶのではなく、日本語で日本語を学んできた。弟の言葉を親がわからなかったり、親が言ったことを弟がわからないこともある」。

ジランさんも他の多くのクルド人と同じように今、仮放免の状態だ。

「以前は3カ月ごとの更新だったが、2カ月ごとになり、今は1カ月ごとの更新にされた。難民として日本に来たのに、これではトルコと変わらない。これだけ日本で努力したのに、返ってくるものがない。

自分は中身は日本人に近い。弟もそう。それなのに健康保険証もなく仕事もできない。これでは死ねと言われているのと同じ。仕事しなければ生きていけない、どうやって生活していけばいいのか。家族全員が仮放免なので仕事もできない。毎回入管に行くと『仕事してますか』『どうやって暮らしてますか』と聞かれる。（仕事をしていると）わかっているのに質問するのは精神的な暴力。頑張っている人にもう少し態度を変えるべきだと思うが、逆にもっといじめて、グローバル化といいながら何をしたいのかよくわからない」。

松澤さんが口を挟んだ。

「更新期間を短くするのは大学に通う前例を作られるのを防ぐためだ。国外に追い出すためにプレッシャーをかけている。これでは弱いものいじめ。入管は悪いことをしていないと思っているが、トルコと同じ状況だ。トルコでは暴力が、日本では肉体的な暴力はないが精神的な暴力がまかりとおっている。

仮放免の場合は教育にあまり熱心ではない。日本で勉強しても結局役に立たない、進学してもあまり意味がないと思っている。報われる感じがしない、未来が見えないから諦めてしまう人が多い。それにいじめの問題があり、子どもたちは学校に行きたがらない。親も子どもを無理に行かせられないので、中学までは行くが高校には行かない」。

松澤さんの話を受けて、ジランさんにいじめの経験を聞いてみた。

「小学校の頃は、いじめを受けた時、先生に『あの子がこんなことをした』と伝えられなかった。いじめの理由はわからないが、『外人、なんでここにいるんだ。国に帰れよ』とかはあった。自分と違うのでいじめたと思う。中学、高校ではあまりいじめはなかった。いじめられることを認めてしまうと、もっといじめられる。自分はいじめがあったら、先生に伝えて毅然と対応した」。

トルコの学校でのいじめについても話してもらった。

「クラスにクルドの子がいてひどいいじめを受けていた。自分は（クルド人であることを）隠していたけど、その子はトルコ語にくせがあり（クルド人だと）わかってしまった。殴られて泣いていた。私はクルド語もわかるが、町に住んでいてトルコ語もくせなく話せた。（トルコ人とクルド人は）顔だけではわからない。

今思うと不思議なのは、まだ小学生なのに『クルドが嫌い』という考えになっていることと。怖いことだと思う。トルコ人がクルド人にしていることを、子どももやっている。子どもまで自分たちがクルド人より優秀と思っている。親が話していることを子どもはすべて信じてしまう。日常生活でも学校と同じように差別がある。

父が日本に来た頃、（トルコの家に）警察がしょっちゅう事情聴取に来たと、日本に来てから母に聞いた。自分にも警察が来ていた記憶はある」。

松澤さんが「クルド人の家に印を付け、たえず監視する。警察だけでなく一般のトルコ人による肉体的な暴力があるが、監視することで精神的にも追い込んでいる」と話す。

トルコの学校生活での楽しかった思い出についても聞いた。

「ケルメス（バザーのようなもの）の日には学校に飾りをして、みんなが家からケーキやお菓子を持ち寄り一緒に食べながらおしゃべりしました。これが楽しい思い出の一つ。日本の運動会のような感じ」。

ジランさんは自分のルーツをどう意識しているのか。

「普段はあまり意識はしないが、ネブロスでスピーチを聞いて、自分はクルド人だなと改めて思うことはある。歌や踊りでも体がリズムを覚えている。でも、学校でも日本人と一緒にいるので、自分は日本人の考えに近くなってきている。クルド人は自分が思っていることを相手を傷つけても正直に言う。日本人は『こう言ったら相手を傷つけるな』と考える。私は相手のことを考えて傷つくことは言わないのに、あっち（日本にいる他のクルド人）は平気で言ってくるから、そこはトルコにいるクルド人と同じだなと思う」。

将来のことについても聞いてみた。

「大学を卒業しても就労ビザは出ないから、今のままなら就職できない。希望を失う時もある。勉強してもどうなるのかと。きっと何かあると思うけれど……。海外で働くのもいいが、その時はまた新しい環境に慣れなければいけない。簡単ではない。大学では英語を専攻した。トルコ語や日本語が活用でき、自分の能力を発揮できる職業に就きたい」。

ジランさんは「日本も世界も、クルドの人権を守ってほしい」と強く訴え、長いインタビューを終えた。インタビュー中、ほとんど彼女に笑顔はなく、少し伏し目がちに話し続けた。記事の中での名前の扱いを尋ねたら、ジランさんは「本名は出さないでほしい」と答えた。「以前、本名でマスコミのインタビューを受けた直後に、周囲からいろいろ言われたから」と理由を明かした。具体的なことは言わなかったが、「いろいろ」の内容は想像がついた。狭いクルドコミュニティーで、とくに女性が目立ちすぎることは困難を伴うようだ。それでも、最後にジランさんは「(今回のインタビューが)お役に立てれば……」と気遣いを見せた。

ジランさんに話を聞いてから1年ほどが経った2019年2月、あるクルド人姉妹が在留特別許可の認定を求め家族らと起こした裁判を傍聴した。

東京地方裁判所の法廷で姉妹は「(自分たちの)トルコ語は小学校レベルで、トルコに帰って勉強することはできない。10年間暮らした日本で生活を続けたい」と訴えていた。姉妹は日本語を猛勉強して小学校に入学し、中学、高校を卒業、さらに大学と短大にそれぞれ進学した。卒業後、姉は貿易会社への就職、妹は保育士を目指しているという。

家族は2017年8月に東京地裁に提訴していた。裁判は現在も継続中だが、2019年2月、家族全員が東京入管に呼び出され、姉妹2人については留学のための在留特別許可を認めると告げられた。突然の呼び出しに家族は「(入管に)収容か」と恐れたが、結果はなんともうれしい知らせだった。姉妹は、松澤さんら支援者に「ビザをもらえたのはみんなのおかげ。本当にうれしい」と感謝の言葉を口にした。

松澤さんがこの一家と知り合ったのは10年前。蕨市民公園で行われている清掃ボランティアに姉妹が家族と一緒に参加したのがきっかけだった。当時姉妹はともに小学生で、日本語もあまり話せなかったが、月1回の清掃に参加するうち、交流が深まり、その後、松澤さんは学費を肩代わりするなど、物心両面で支援を続けてきた。

松澤さんは「仮放免のクルド人が、留学ビザを取得したのは初めて。後に続く他の子どもたちにも希望を与える。仮放免では就業は禁止だが、今後はアルバイトが可能になる。さらに企業から就職の内定をもらい、就労ビザの取得を目指したい」と強調した。裁判を担当した弁護士は「今回は入管による特例措置だが、今後同じような境遇の子どもたちに道が開ければいいと思う」と話した。

裁判での決着ではないため、必ずしも大学進学を望む他のクルド人への先例にはならないが、初めて留学のための在留特別許可が出たことは、後に続く子どもたちにとって大きな希望だ。長くクルドの取材を続けてきた私にとっても、うれしいニュースだった。

盛人大学で出会ったクルド人とその後の話

人口60万人を超えた川口市には、総人口の約6％に当たる約3万6000人の外国人が住んでいる。私が赴任した2008年、外国人比率は3％代半ばだった。2019年1月現在、外国人比率では8・9％の蕨市には及ばないものの、外国人の居住総数では人口規模が2倍の政令指定都市さいたま市を5割ほど上回り、県内自治体では最多だ。こうした現状から、少しずつ外国人との共生に向けた市民の関心も高まっている。

川口市には、50歳以上の市民が学べる生涯教育の場として「盛人大学」が設けられ、意欲的な市民が学んでいる。川口市民パートナーステーション分室で開かれた6回目の盛人大学祭で、「多文化共生」をテーマにクルド人を講師に招いた講演会が開かれると聞き、足を運んだのは2017年11月。シリアやイラクでの紛争でクルド人に注目が集まる中、川口市にクルド人が多く居住していることを知った「国際コース」の受講生らが「交流を深める目的」で企画したものだった。小室敬子さんや中島直美さんも運営スタッフとして加わっていた。狭い教室をのぞくとすでに満席。教室の後ろは立ち見の参加者で埋まり、中に入れない人が廊下にあふれていた。

「初めての経験なので、ちょっと緊張しています」。

講演会が始まり、自己紹介を促されたクルド人男性が日本語で挨拶した。来日14年目という男性は「日本政府は（難民に）厳しいが、日本は好きです。家族は5人で、下の子ども2人は日本で生まれました」と話し、別の若い男性は「日本に来て15年目。4回目の難民申請中で、現在は仮放免の状態」と続けた。さらに女性は「母親の多くが学校の通知などがわからないで困っている」などと訴えた。

質疑が始まると、会場から多くの質問が飛んだ。

日本は難民に厳しい国なのに、なぜ日本を選んだのか。

「日本はビザがいらないから簡単に入国できた。ヨーロッパ（に行く）なら船しかない。命を落とすことも多い。危険だ」。

言葉以外で困ったことは？

「日本は（クルド人を）難民として認めないので、日本で育った子どもは成長したらどうなるのか。無理矢理トルコに帰すなら、子どもはどうなるのか。子どもたちは日本語で話す。いまさらトルコに帰るのは難しい」。

司会を務めた小室さんが「学校からの通知がクルドの家庭に届かない。入学案内が来ないこともある。予防接種のこともわからない。仮放免の場合は住民票がもらえないので、市の教育委員会には（支援者の手助けなどで）こちらから（入学を）申し込むことになる。入学手続きがわからない家庭の子どもたちは公園などで遊んでいるしかない」などと実情を説明した。

生計はどうしているか。

「ビザがある人の手助けでなんとか生活している。収入はない」。

ビザがあれば働けるが、仮放免などの場合は、就労が禁止されている。就労が発覚すると入管に収容される危険が高まる。親族間で助け合って生活しているのは事実だが、実際には収容される危険を承知で、多くのクルド人が解体工事などの仕事に従事していることは公然の秘密だ。夫が長期収容された家族は、親族に頼るには限界があり、あちこちから借金をして生活している実態もある。

健康保険がないという話だが、病気をしたら実費なのか。

「そうですね。だから病院にもあまり行けない」。

どうして川口に住むようになったのか。

「妻の弟が川口に住んでいた。（弟は）日本人の女性と結婚している。知っている人がいると助けあうことができる」。

食べ物は普段どんなものを？

「来日して10年以上になるので、（クルドと日本の食べ物）両方食べる。（クルド料理の）材料は日本で売っている。ナンを作って食べる。日本の米も毎日食べている」。

川口以外に行ってみたいところは？

「京都にいきたい。金閣寺が見たい」。

故郷に帰りたい？

「トルコで平和に暮らせれば……。クルド人の国ができたら帰りたい」。

「難民認定されれば日本でもいい。子どもは日本語だ

から。子どもの将来を考えれば日本でもいい」。

クルド人の厳しい生活実態を聞き、会場からは「ショックを受けた」「手助けできることはないか」「話を聞き、自分は幸せだと思った。もっと関心を持ってあげられたらいいなと思う」などの声が続いた。

会場から「クルドやトルコを紹介する授業が広がることが重要」と発言があり、講師のクルド人女性が「(日本人は) トルコアイスだけわかって (知って) いる」と答えると、笑いが起きた。

クルド人講師たちからも地域社会への要望が出た。

「ネブロスは毎年春分の日前後に開かれるが、いつもやっていた蕨市民公園で開けなくなった。うるさいと言われた。会場が遠いと困る」。

ネブロスの会場を巡る問題には解説が必要だ。蕨市民公園で開かれていたネブロスはクルド人の増加に伴い、たくさんの人が集まり、歌や踊りで賑わうようになった。しかし同時に、数年前から会場周辺の住民が「音がうるさい」などの苦情を蕨市役所に寄せるようになった。

当初は、祭が終わると参加者らが会場のゴミやたばこの吸い殻などを丁寧に後片付けしていた。私も取材でこうした行為を目撃している。ところが近年、参加者の増加につれ、マナーを守らない若いクルド人も増え、騒音問題をきっかけに、蕨市役所が会場使用を断る事態となった。２０１７年は川口市のＪＲ川口駅東口に隣接するキュポ・ラ広場に会場を移し、さらに２０１８年からはさいたま市の秋ケ瀬公園へと移り、祭が続いている。

講師のクルド人女性は発言した。

「大家族だから結婚式には客が多い。（結婚式を）する場所が見つからない。公民館（など公的施設）を貸してほしい」。

ネブロスだけでなく、クルド人の結婚式なども公的施設では使用を断られるケースが出ている。クルドの結婚式は大勢の招待客が集まるため、歌と踊りでにぎやかになる。こうしたことが苦情の原因となるようだ。しかし、クルド人側からすると、会場使用を断られることは周囲の無理解やクルド人への偏見と映る。文化の違いや相互理解の不足は、双方で埋める努力が必要だ。

参加者のクルドへの関心は高く、「具体的に何か手伝えることがあるか」との声が上がった。クルド人講師は「（こうした）難民についての会議が開かれたらいい。日本は難民のことはあまり知らないので、クルドのことをもっと知らせたい」と答えた。

２０１７年12月、盛人大学の講師の一人として参加したクルド人男性に、改めて日本に来た経緯やこれまでの生活について話を聞いた。彼は３人の息子と妻の５人暮らし。兄の後を追い２００４年に来日した。生活費は月々20万円ほどかかる。親族の支援とアルバイトでぎりぎりの生活だという。

「日本政府からは（難民に対する特別な）サポートはいっさいない。仕事をするなと言うが、どう生活したらいいのか。日本は（我々を）経済難民とみなしている。そうじゃないんだ。ヨーロッパでは入管から書類が来て、出向く必要があれば交通費が出るケースもある。日本では仲間で助け合うしかない。最近は若いクルド人が増えた。日本のルールを知らないと違反する可能性が高いので、ルールを教える必要がある」。

トルコではきょうだいの一人が非合法組織に関与したとして、毎月警察が自宅に押しかけ「トルコから出て行け」と父に迫ったという。父はその後亡くなったが、母ときょうだい９人のうち、妹２人と弟１人がトルコに残り、６人が日本にやってきた。

男性は出国にあたって、パスポートを取得するため警官に賄賂を渡し「日本にはピアノの勉強をしに行く」と偽った。しかし、イスタンブール空港で出国30分前に、裸にされて警察の取り調べを受けた。拘束は免れ、なんとか飛行機に乗れたという。

「家で子ども同士は日本語で話す。自分がクルド語で声をかけると、子どもは日本語で返す。夫婦の会話はクルド語」。

中学校1年生の息子はトルコ生まれだが、小学校4年生と1年生の息子は日本生まれ。

「子どもたちはクルドのこともトルコのこともわからない。クルド語は2割しか理解しない。日本生まれだが国籍もない。将来のことは考えていない。日本で生まれたクルドの子どもたちは今、（川口市周辺に）300〜500人いる。この子たちのことを日本（政府）はどう考えているのか。それが心配だ」。

男性はそう話すと深いため息をついた。

「県外に出る時は入管への許可申請が必要だから、旅行はまったくしない。県内でも警察の職務質問があり、あまり外出する気にならない。子どもは高校を卒業しても、仮放免の状態だと大学は難しい。このままでは将来が見通せない。最後まで子どもたちを学校に行かせたい。妻も同じ考えだ。外国に行くとしたらカナダしかないが、カナダは保証人がいないと厳しい。子どもたちのために頑張るしかない」。

子どもたちの将来を案ずる父の姿に、私はただ聞き入るしかなかった。男性は、盛人大学で参加者が関心を持ち、多くの質問が寄せられたことを喜んでいた。

２０１８年1月、男性が入管に収容されたことを知らされた。取材の時にクルド人の入管への収容が増えている話題に触れ、「俺も危ないかもしれない」と漏らしていた。

１年後の２０１９年３月のある日、別のクルド人の面会のため東京入管を訪れたところ、男性の妻と面会受付付近で顔を合わせた。私に近寄ってきた彼女はせっぱつまった様子で、数日前に男性が体調を崩し、家族が救急車を呼んだものの男性を病院に運ぶことができなかったことなどを話した。私は別の取材が一段落した後で男性と面会することにした。面会のため東京入管を訪れたその日は、政府が新元号「令和」を発表した翌日の４月２日だった。

面会の受付手続きを終え、面会室がある７階へエレベーターで向かった。待合室でまた男性の妻を見かけた。これから男性に面会するという。彼女が面会を終えた後、入れ替わりで私は面会室に向かった。

しばらく待っていると男性が面会室に入ってきた。その姿に私は一瞬言葉をなくした。目はうつろで青白い肌、やや猫背の格好でよろよろと現れたからだ。体調を尋ねると、男性は３週間ほど前の出来事を話し始めた。

「夜中の12時40分ごろ、仲間とチェスを終えて寝るところだった。（横になったら）急に脳と心臓が止まった感じがして、起き上がれなくなった。連絡用のボタンを押し、職員にマイクを通して助けを求めた。だが、『緊急性がない』と救急車を呼ぶのを断られた」。続いて男性は「収容は監禁で虐待だ。やめてほしい。自分は東日本大震災でボランティアもしたし、熊本地震の時も募金活動に参加した。JR蕨駅前の清掃ボランティアも続けてきた」と弱々しい声で訴えた。

男性は手元にノートとペンを置いていた。長い年月を物語るように、ノートの周囲が少しすり切れていた。仕切り用のガラス越しに見せてもらうと、トルコ語の細かな文字がびっしりノートを埋めていた。日記帳のように日々の出来事をメモしているという。話す際も男性は目線を合わさず、うつむき加減に言葉を発し、ときどき会話が途切れた。そのたびに「ふー」と深いため息をついた。

これまで5回の仮放免申請はいずれも却下され、6回目を申請中だという。私は何人ものクルド人と入管の面会室で向き合ってきたが、ほとんどが強いストレスを抱えていた。何より長期収容者にとって、無期限での収容は絶望感を増幅させる。私は最後に、男性に「何かメッセージはあるか」と尋ねたら、前回インタビューした際に発したのと同じ言葉を口にした。

「日本で生まれ育った子どもたちは日本語しか話せないし、日本の文化しかわからない。子どもたちは学校は楽しいし、日本を離れたくないと言っている。（日本政府は）どうかいじめないで。協力をお願いします」。

精神的なストレスで押しつぶされそうになりながら、子どもたちの将来を憂慮する男性の心情を私は思いやった。男性と日常的に接触する入管職員たちは法の執行者に違いない。それでも、男性の病状を見れば異様さに気づくはずだ。だが、管理された組織の中で、男性は記号化された収容者の一人にしか過ぎないのだろう。30分の面会を終え、私は重い足取りで入管を後にした。

2019年6月17日。男性が1年7カ月ぶりに開放されたニュースを、私はスペイン・バルセロナで聞いた。

ちょうど1カ月前、長く務めた新聞社を退職し、この地にやって来た。男性が初めて日本の地を踏んだ時、日本語がわからず苦労したように、スペイン語が不得手な私も、アパート探しや市役所への住民登録など戸惑いの連続だった。来日直後、男性が周囲の親族や友人たちを頼ったのと同じように、私もスペインに住む家族の手助けでなんとか生活をスタートさせた。

ただ、私が男性と決定的に異なるのは、ここスペインで私は自由であることだ。なぜ、男性が1年7カ月もの長期間、自由を奪われたのか、改めて考えざるをえなかった。

解放直後の男性の様子を、私はネット上のニュースで見た。顔はまだ青白く見えたが、解放と家族との再会の喜びからか、2カ月半前に私が入管の面会室で会ったときの様子と比べ、心なしか生気を取り戻しつつあるように見え、少しほっとした。男性は長期収容からひとまず解放されたものの、それは仮放免というかりそめの自由を得たに過ぎない。男性が真に自由になるというのはどういうことなのか。私たち自身への問いでもあるに違いない。

あとがき

「クルド」の言葉が初めて私の胸に刻まれたのはいつだろうか。はっきりした記憶はない。20年前か、いや30年前だろうか。クルド人がイラクの独裁者フセインの毒ガス攻撃で数千人が殺害された1988年の「ハラブジャの悲劇」は知っていた。国を持たない世界最大の民族だということも。

2008年に毎日新聞川口通信部に赴任し、多数のクルド人が住んでいることを知った。興味が沸いた。知らないことは知ってみたい。新聞記者の習性だ。少しずつ取材を始めた。彼らは愛想笑いをしない。取っつきづらかった。難民についても知識がなく、あまり取材が進まなかった。それでも、ネブロスには毎年通い、短い記事にした。

2度ほど連載企画を試みたが、途中で挫折した。イラクのフセイン政権の崩壊やシリア内戦で再びクルド人が脚光を浴び始めた。メディアの露出も増えた。決意を固め「故郷遥か 川口のクルド人」を毎日新聞埼玉版で連載を始めた。取材を始めるとクルド人だけでなく、支援者らからの情報も次々入り、ネットワークが広がった。連載は2017年12月6日から2018年8月3日まで、第1部から第6部の24回に及んだ。本書はこの連載企画の取材ノートを基に、ほぼ全面的に書き下ろしたものだ。

私たちは「難民」を知らない。グローバル時代と言いながら、「知らない」で済ませてきた。今、２０２０年の東京五輪・パラリンピックを見据え、日本政府は観光客年間４０００万人を目標に掲げる。日本に暮らす外国人は２７０万人を超えた。滞在する理由は人それぞれだ。「難民」問題は、島国「日本」に生まれ育った私たち一人ひとりに突きつけられた「難問」なのではないか。

本書は多くのクルド人と支援者らの協力があって生まれた。クルド人たちの声を聞いてほしかった。

ある日の深夜、窓外に雨音を聞きながら　鴇沢哲雄著者略歴：
鴇沢哲雄（ときざわ てつお） 長野県生まれ。慶応大学法学部卒。毎日新聞社入社。
1995年、日本で初めてのインターネット総合ニュースサイト「Jam Jam」創設に加わり編集長、サイバー編集部長などを歴任。2008年から埼玉県川口市を拠点に取材活動。毎日新聞さいたま版の連載企画「ニイハオ　川口の中国人」「彩の国のアフリカ人」「学び　出会い　喜び　川口自主夜間中学の30年」「引きこもり　光求めて　『太陽の輪』の仲間たち」「性的少数者　LGBTを生きる」などを執筆。2019年、退社。現在はスペイン・バルセロナで暮らす。

日本に生きるクルド人

2019年8月1日　初版第1刷　発行

著者　鴇沢哲雄
発行　ぶなのもり
〒333-0852 埼玉県川口市芝樋ノ爪1-6-57-301
Tel.048-483-5210 Fax.048-483-5211
［MAIL］info@bunanomori.jp
［WEB］http://www.bunanomori.jp/

ISBN 978-4-907873-06-6